Scheidung macht Spaß

Thomas Pfitzer

Scheidung macht Spaß

Ein Übungsbuch für Trennungswillige –
damit es das nächste Mal besser wird

Synergia

1. Auflage, 2013
Veröffentlicht im Synergia Verlag, Erbacher Straße 107,
64287 Darmstadt, www.synergia-verlag.de

Umschlaggestaltung, Gestaltung und Satz: FontFront.com, Darmstadt
Cover-Bild: © Maksim Samasiuk - Fotolia.com
S.150; S.151: Frauenhand, © Avanti69 - Fotolia.com
S.151: Hand mit gespreizten Fingern, © dkimages - Fotolia.com
S.123; S.151: Young woman, © Václav Hroch - Fotolia.com

Printed in EU
ISBN-13: 978-3-939272-88-5
Bibliografische Information der Deutschen Bibliothek
Die Deutsche Bibliothek verzeichnet diese Publikation in der deutschen Nationalbibliografie; detaillierte bibliografische Daten sind im Internet unter http://dnb.ddb.de abrufbar.

Inhaltsverzeichnis

Was kann dieses Buch? **9**

Die ersten Schritte **11**

Die erste und letzte Übung 11

Mein Angebot 14

5 Schritte zur Problemlösung 14

Unterschiede und Annäherung 15

Die Angst vor der Einsamkeit 19

Liebe, Lust und Sucht 20

Ausgenutzt 22

Einen Versuch ist es wert 24

Schweigen ist Gold? 24

Selbstmitleid 27

Ein Gedanke gegen die Verzweiflung 30

Idealpartner 32

Orakel 35

Beziehungsunfähig 37

Bindungsängste 38

Weisheiten – nicht nur für die Liebe **45**

Die 5 Hindernisse 45

Die 5 Universalgesetze 49

Zwei wichtige Techniken **55**
Stressfreie Kommunikation 55
Angriffe abwehren 58

Manipulation und Lüge **61**
Wie einfach es ist, Menschen zu manipulieren 61
Die Regeln der Manipulation 67
Meister der Manipulation 71
Lügen erkennen 75

Wie im richtigen Leben **85**
Wahre Liebe 85
Ich will Liebe und Anerkennung 86
Ich will zuhören 88
Probleme angehen 91
Drama-Queen 94
Domina und Weichei 97
Kontrollfreak 102
Betrüge mich! 103
Nein sagen 106

Eine Übung für … **111**
„Ich kann nicht loslassen!" 112
„Ich habe Angst allein zu sein!" 114

„Ich weiß nicht was ich will“ und
„Ich kann nicht finden, was ich will!“ 115

„Irgendwie war plötzlich die Liebe weg!“ 119

„Ich habe nichts Besseres verdient!“ 121

„Ich habe Gutes verdient“ oder „Quid pro quo!“ 122

„Meine Leistungen werden nicht anerkannt!“ 124

„Ich weiß nicht, wo ich anfangen soll!“ 125

„Ich wäre manchmal gerne anders!“ 126

„Ich kann nicht nein sagen“ und
„Ich traue mich nicht zu sagen, was ich will!“ 131

„Ich weiß nicht, wie ich es sagen soll!“ 132

„Ich kann mich nicht durchsetzen!“ 133

„Ich habe Angst vor Streit!“ 135

„Ich will mir nicht länger meine Energie rauben lassen“ oder
„Über den richtigen Umgang mit seelischen Vampiren!“ 137

„Ich gerate immer an die Falschen!“ 143

„Ich habe Angst vor Bindung!“ – Ängste analysieren und auflösen 146

„Ich will meinen Idealpartner!“ 154

Schlussgedanken **159**

Die erste und letzte Übung 160

Was kann dieses Buch?

Sinn dieses Buches ist:

- Ihr Selbstwertgefühl zu steigern,
- zu erkennen, was im Leben wirklich wichtig ist,
- sich in der Partnerschaft und beruflichen Beziehungen neu zu positionieren,
- den idealen Partner zu finden.

Die Übungen, Gesprächsnotizen und Gedanken in diesem Buch werden Ihnen helfen, Ihre Trennung besser durchzustehen, Partnerschaftskonflikte schneller zu beheben, Ängste abzubauen und Lösungen zu finden, die für alle Beteiligten von Vorteil sind.
Viele Lebenskrisen entstehen, weil wir nicht verzeihen und loslassen können und Angst vor Veränderung haben. Die Übungen in diesem Buch werden Sie dabei unterstützen.
Sie werden erkennen, was Ihnen wirklich gut tut und was Sie brauchen, um glücklich zu sein. Es geht darum, sich auf das konzentrieren zu können, was vor Ihnen liegt:

Das Neue – nur diesmal richtig ausgewählt!

> *Es gibt nur eine falsche Sicht: Der Glaube, meine Sicht ist die einzig richtige.*
>
> *Nagarjuna, Buddhist, 2. Jahrhundert n. Chr.*

Die ersten Schritte

Was du liebst, lass frei. Kommt es zurück, gehört es dir – für immer.

Konfuzius

Die erste und letzte Übung

Beginnen wir das Büchlein gleich mit einer Übung. Lesen Sie die folgenden Aussagen und Fragen. Beantworten Sie die Fragen ehrlich und prüfen Sie den Wahrheitsgehalt der Aussagen. Es geht nur um Ihre persönliche Sicht, nicht um die Ihrer Familie oder der Allgemeinheit. Nur Ihre Wahrheit zählt.
Wenn Sie das ganze Buch gelesen und die Übungen gemacht haben, lesen Sie diese Aussagen noch einmal. Ihre Wahrheit ist jetzt eine andere. Oder Sie sind jetzt in der Lage, Ihre Wahrheit auch wirklich zu leben!
Sie müssen nicht jeder dieser Aussagen zustimmen, denn nicht immer entsprechen Lebensweisheiten unseren Werten oder passen zu dem Thema, das wir gerade haben. Es geht nur darum, zu ergründen, ob wir das auch LEBEN, was wir auf unsere Fahne geschrieben haben.

Man kann nur von anderen Menschen geliebt werden, wenn man Liebe ausstrahlt. Sie kommt von innen und beginnt mit der Liebe zu sich selbst.

Selbstliebe ist KEIN Egoismus, sondern gesunder Menschenverstand und die Grundvoraussetzung, andere lieben zu können. Wer sich selbst nicht leiden kann, mag auch den anderen nicht. Wer den anderen nicht

mag, will ihn ändern, passend machen und dann an sich binden. Ist das die Liebe, von der Sie sprechen?
Abhängigkeit führt zu Verlustangst. Diese Angst führt zu Eifersucht. Welche positiven Dinge können aus einer Sucht entstehen?

Eifersucht ist kein Beweis für Liebe. Sie ist lediglich der Beweis für Angst und ein geringes Selbstwertgefühl.
Wer seinen Partner frei lässt, zeigt sein Vertrauen und sein Selbstbewusstsein. Der Verzicht auf Machtspiele erschafft das Gefühl der Freiheit. Freiheit löst Angst auf.

Man sollte sich der Liebe hingeben, aber nicht einem Menschen. Die Liebe ist als Idee perfekt, ein Mensch niemals. Wenn der Mensch geht, bleibt die Liebe als perfekte Idee bei mir. So kann sie schmerzfrei weiter existieren.

Dankbarkeit erhält die Liebe. Wann waren Sie das letzte Mal dankbar für das, was Ihnen Ihr Partner gibt?

Lieben macht glücklich. Zu lieben, stärkt uns. Wenn wir wirklich lieben, tun wir also etwas für UNS – nicht für andere. Daher ist der Vorwurf „Ich habe dir soviel gegeben. Ich habe dich so sehr geliebt“ eine Lüge.

Wir sprechen von Liebe und meinen Sex, Schutz, Versorgung, Schmückung. Wenn Sie gerne mit einer Frau Hand in Hand durch die Stadt laufen, sagen Sie nicht: „Ich liebe dich.“ Sagen Sie: „Ich liebe es, wenn die anderen Männer mir neidische Blicke zuwerfen.“
Wenn sie es toll finden, dass er soviel Geld verdient und Ihnen den Urlaub bezahlt, sagen Sie nicht: „Ich liebe dich.“ Sagen Sie: „Ich liebe es, wenn du mich so verwöhnst.“ Es ist ehrlicher. Wenn es wirklich Liebe ist, ist Diplomatie nicht nötig, und wenn es Freundschaft ist, schon gar nicht.

Nur zwei unabhängige, starke Persönlichkeiten können eine reiche Beziehung erschaffen, die beiden Freiraum gewährt und Weiterentwicklung ermöglicht. Abhängigkeit und Besitzanspruch in der Zweisamkeit ist nichts anderes als Sklaverei.

Distanz schafft Vertrauen. Ängste, Eifersucht und Misstrauen entstehen aus einem Mangel an Selbstliebe und Selbstbewusstsein.

Liebe schafft keine Probleme – nur unser Fordern, Wünschen und Denken über die Liebe.
Wenn wir uns nur dann gut fühlen, wenn jemand uns liebt, machen wir uns abhängig – wir sind Süchtige. Wir bekommen etwas Stoff vom anderen, aber nur, weil der wiederum hofft, etwas Stoff von uns zu bekommen. Beide glauben, der andere wäre ein Dealer mit einem großen Vorrat. Die Beziehung endet, wenn der tatsächliche, winzige Vorrat beider aufgebraucht ist.
Liebe einzufordern, sich nach ihr zu sehnen, bedeutet zwangsläufig zu leiden – denn wahre Liebe kann nur gegeben werden.

Wir haben kein Anrecht geliebt zu werden. Wir haben nur das Anrecht auf persönliches Glück. Lieben, ohne zu fordern, macht glücklich. Wenn man nichts zurückbekommt, macht einem das nichts aus. Man kann ja immer noch gehen.
Haben Sie es nötig, um Liebe zu betteln?

Liebe für die Ewigkeit verlangen heißt, Liebe vorhersagen zu wollen. Liebe lässt sich nicht vorhersagen und nicht einfordern.

Liebe ist nicht gleichbedeutend mit Beziehung. Liebe ist ein Phänomen. Ein Phänomen ist eine Erscheinung. Erscheinungen sind meist von kurzer Dauer.

Wenn es wirklich wahre Liebe, ohne Forderung und ohne Anspruch war, wie konnte daraus nach der Trennung Hass, Enttäuschung und üble Nachrede entstehen? Weil es nur Besitz und Abhängigkeit war? Worüber trauern Sie dann? Über den Verlust Ihres Eigentums?

Mein Angebot

Ich biete Ihnen eine Aktie an. Es ist möglich, dass ihr Wert steigt, aber ich möchte Ihnen nicht verheimlichen, dass sie statistisch gesehen eine 50%ige Wahrscheinlichkeit auf Totalverlust hat. Wollen Sie kaufen? Nein? Ich bin erstaunt – wo Sie doch verheiratet sind/waren oder eine Ehe zumindest in Betracht ziehen.

Statistisch hat die Ehe nämlich ebenfalls eine 50%ige Wahrscheinlichkeit auf Totalverlust – oder wie würden Sie die Wandlung von Liebe in Hass, von Traumhaus in Schuldenruine sowie das Gezerre um die Kinder und den Unterhalt bezeichnen? Das passiert nur den anderen? Dann kaufen Sie die Aktie.
Abgesehen vom Totalverlust, bedeutet es ja nicht, dass die anderen 50% glücklich sind. Es sind nicht alle Single, die sich auf den Seitensprungportalen im Internet tummeln.

5 Schritte zur Problemlösung

Es gibt nur wenige Dinge, die Sie bei der Bearbeitungen Ihrer emotionalen Probleme wissen müssen.

1. Das Problem liegt in Ihnen. Es ist nicht im Außen. Sie projizieren es nur nach außen.

2. Die Lösung ist immer Bestandteil des Problems. Also liegt auch die Lösung in Ihnen und ist nicht im Außen zu finden. Weder in einem neuen Partner, noch in endlosen Gesprächen über das Problem. Auch nicht in den Runen, den Sternen oder in den Karten.

3. Lieben Sie Ihr Problem. Dadurch lieben Sie sich selbst.

4. Verzeihen Sie sich Ihre Fehler und erarbeiten Sie sich neue Verhaltensweisen. Dadurch lösen Sie Ihre Fehler auf.

5. Haben Sie nun kein Problem mehr mit sich, strahlen Sie auch kein Problem mehr nach außen und ziehen somit auch keine Problemfälle mehr an.

- Was strahle ich aus?

- Ist es das, was ich ausstrahlen möchte?

- Welches Denken (welcher Glaubenssatz) hat mich zu meiner Ausstrahlung geführt?

Unterschiede und Annäherung

Es wird immer noch viel geschrieben über die Unterschiede zwischen Mann und Frau. Frauen seien empfindsamer; Liebe ist ihnen wichtiger als Sex; Männer können Gefühle weniger gut ausdrücken und wollen sie auch nicht so gerne zeigen und neigen eher zu sexueller Abwechslung etc. pp. Es mag sein, dass es für diese Aussagen Statistiken gibt, durch die sie untermauert werden, aber eines dürfte klar sein: Ausnahmen gibt es bei beiden Geschlechtern häufig und Verallgemeinerungen führen nicht gerade zur Erkenntnis. Es gibt sensible Männer genauso, wie es sexuell aktive Frauen gibt, die nicht an die ewige Liebe glauben. Um in Liebesangelegenheiten nicht auf die Nase zu fallen, hilft nur Authentizität. Zu deutsch: Klappe aufmachen! Wer nicht sagt, was er will, bekommt, was übrig bleibt.

Wer auf die Frage „Wie magst du es im Bett?" mit „Finde es heraus, Schatz!" antwortet, darf sich über wochenlanges, zaghaftes Rumgefummel nicht beklagen.
Ähnliches gilt für die Frage nach dem Geburtstagswunsch. So manch einer empfindet es zu Recht nervend, wenn er genötigt wird, stundenlang durch überfüllte Fußgängerzonen zu wandern; auf der Suche nach der göttlichen Geschenkidee. Warum bekommen Männer ständig Krawatten und Rasierwasser geschenkt? Weil sie „Ich brauch nix" antworten. Das weibliche „Ich lasse mich überraschen, Schatz!" führt hingegen zu geschmackloser Unterwäsche in falscher Größe. Die Überraschung ist gelungen.
Der Mensch kann nun mal im seltensten Fall Gedanken lesen. Wenn Sie sich nicht trauen zu sagen, was Sie wollen, müssen Sie es lernen. Das ist wichtig, um VOR der Beziehung abzuklären, ob es passt.
Es gibt unzählige Paarberater und Psychologen, die allen Ernstes behaupten, dass man sich während der Beziehung annähern bzw. anpassen soll. Ich halte das für ausgemachten Blödsinn. Entweder es passt oder es passt nicht. Wenn Sie natürlich selbst nicht wissen, was Sie wollen, werden Sie auch nur das kriegen, was Sie nicht gebrauchen können. Wenn Sie nicht von Anfang an Ihre Grenzen klar definieren, werden diese ständig überschritten.

- Was will ich? Unterscheiden Sie zwischen: must-have und nice-to-have

- Was erwarte ich vom Partner?

- Kann ich diese Erwartungen auch selbst erfüllen?

- Was will ich auf keinen Fall?

Gewöhnen Sie sich an, klar und deutlich zu sagen, was Sie brauchen und wollen, und seien Sie dann aber auch konsequent, wenn Sie merken, dass man Sie angelogen hat. „Ja, das sehe ich auch so" bedeutet leider bei einigen Menschen: „Das werde ich schon ändern." Wer Ihr Vertrauen so missbraucht und schon VOR der Beziehung gelogen hat, den sollte

man dann auch sofort in die Wüste schicken. Seien Sie authentisch! Nur denen, die sagen, was sie wollen und strikt danach handeln, wird Respekt gezollt. Wer wankelmütig ist, wird verarscht. Egal ob Mann oder Frau: Wer keine Konsequenzen zieht, wird nicht ernst genommen, sondern manipuliert. Wer sein Leben den Wünschen eines anderen anpasst wurde manipuliert; mit der fadenscheinigen Behauptung, dass Liebe Kompromisse brauche, um sie zu erhalten. Das ist anscheinend das, was die Paarberatung bringen soll: faule Kompromisse. Am Ende ist keiner wirklich glücklich, aber egal – Hauptsache nicht einsam.
Liebe braucht keine Kompromisse. Kein Mensch sollte wegen einer angeblichen Liebe Kompromisse bei seinen eigenen Bedürfnissen eingehen. Wo bleibt denn da die Kompromissbereitschaft des anderen Liebenden? Nur der geht Zugeständnisse ein, der mehr liebt bzw. mehr Angst davor hat, verlassen zu werden. Sobald der andere das merkt, hat er ein Druckmittel: „Wenn du mich liebst, dann ..." Glauben Sie tatsächlich, dass das Liebe ist?

- Habe ich Angst einsam zu sein?

- Bin ich dadurch erpressbar?

Eine Beziehung, die man in jeder Hinsicht als wahre Freundschaft bezeichnen kann, funktioniert nur, wenn Sie wissen, wer Sie selbst sind und sich so respektieren, wie Sie sind. Nur dann haben Sie auch die Fähigkeit, Ihren Partner so zu lassen, wie er ist. Sobald Sie etwas an ihm ändern und umbauen wollen, haben Sie in Wirklichkeit ein Problem mit sich selbst und Ihrem Selbstwertgefühl. Wenn Sie von Ihrem Partner erwarten, dass er sich ändert, um Sie glücklich zu machen, sind Sie lediglich egoistisch, was wenig mit Liebe zu tun hat.

Hängen Sie an Ihrem Partner wie eine Klette und glauben bei ihm bleiben zu MÜSSEN, sind Sie sich selbst nicht genug. Glauben Sie wirklich, Sie seien allein nicht existenzfähig? Wer soll vor Ihnen Respekt haben, wenn Sie das glauben? Wer braucht eine Klette?

Paarberatungen werden zum Witz, wenn das Ziel Anpassung, Angleichung oder Kompromiss lautet. Paarberatung macht nur dann Sinn, wenn es um die Anerkennung der eigenen Mitverantwortung am Konflikt geht und wenn sie dabei hilft, dass beide lernen ihre Wünsche und Bedürfnisse zu nennen. Sobald diese Wünsche aber für den anderen unannehmbar sind, sollte die Beratung enden. Was taugt eine Beziehung, die nur weitergeführt werden kann, wenn ein „externer Berater" schmerzhafte Kompromisslösungen anbietet, die für einen oder beide Partner bedeuten, dass sie sich verbiegen müssen? Lassen Sie es sein. Haben Sie den Mut, einen Schlussstrich zu ziehen, und beginnen Sie von vorne. Suchen Sie sich jemanden, der wirklich zu Ihnen passt. Kompromisse und Anpassung gehören nicht zur Liebe und auch nicht zum Sex. Vielleicht redet man uns das ja nur ein?

Ist die Ehe im 21. Jahrhundert immer noch eine wichtige und fast schon heilige Institution, um die man kämpfen muss, oder suggeriert man uns das nur? Ich muss nicht kämpfen und schon gar nicht um eine Beziehung, die mich mehr nervt, als dass sie mich glücklich macht. Wenn sie bei der Paarberatung sitzen ist diese Schmerzgrenze meines Erachtens bereits überschritten. Sie haben vielleicht nur die tragische Charaktereigenschaft, gerne zu leiden und um unrealistische Träume zu kämpfen. Oder ist es doch die Angst vor Einsamkeit, Trennungsstress und einem möglichen finanziellen Verlust? Oder ist es schlichtweg die Angst vor dem Neuen und Unbekannten? Menschen neigen hin und wieder dazu, in negativen Zuständen zu verharren, weil ihnen die Ungewissheit vor der Zukunft noch mehr Kummer bereitet.
Wenn Ihre Beziehung nicht passt, werden Sie nicht glücklich. Wenn Sie es nicht tun, um glücklich zu sein – wozu dann? Welchen Sinn hat eine Ehe oder eine Beziehung sonst noch? Versorgung? Suchen Sie sich einen Job. Kinder? Geht auch ohne Ehe – 1,6 Millionen Alleinerziehende beweisen es täglich. Das Gefühl der Zweisamkeit? Sie haben nur Angst allein zu sein – machen Sie die Übung „Ich habe Angst allein zu sein" und befreien Sie sich von dem Aberglauben, dass man zwingend einsam ist, wenn man keine Beziehung hat. Zweisam einsam ist schlimmer als allein einsam.

- Glaube ich, dass ich eine Beziehung haben muss?
- Welchen Preis bin ich bereit dafür zu zahlen?

Die Angst vor der Einsamkeit

Dieser Planet beherbergt ca. 7 Milliarden Menschen. Wie groß ist wohl die Wahrscheinlichkeit, dass Sie allein bleiben müssen? Egal wie verrückt, außergewöhnlich, seltsam verschroben, dick und tätowiert Sie sind: Irgendwo gibt es jemanden, der zu Ihnen passt. Wenn Sie das Haus nicht verlassen wollen, nutzen Sie das Internet und Sie werden feststellen, wie viele es von Ihrer außergewöhnlichen Art gibt. Es ist erstaunlich, wie oft ich den Satz höre: „Ich bin anders als die anderen Menschen." Glauben Sie mir: Sie sind es nicht! Nein, es ist nicht schwer jemanden zu finden, der so ist wie Sie. Entweder ist es ein Glaubenssatz, den Sie sich im Laufe der Zeit zugelegt haben und der Ihren Fokus leider auf das gesetzt hat, was NICHT passt, oder es ist eine Schutzbehauptung, um keine Beziehung eingehen zu müssen. Dann fragen Sie sich, wovor Sie Angst haben und beheben Sie diese Furcht. Sie können sich aber auch dazu entscheiden, dieses „Anderssein" zu zelebrieren und sich damit interessant machen. Dann hören Sie aber bitte auch damit auf, über Ihre Einsamkeit zu jammern, denn sie ist hausgemacht.

Haben Sie Hobbys? Gehen Sie mit Freunden aus? Versuchen Sie neue Menschen kennenzulernen? Verbringen Sie Zeit mit sich selbst – können Sie sich mit sich selbst befassen oder brauchen Sie immer jemanden, der ihnen das Händchen hält?
Viele Menschen haben Angst allein zu sein. Seltsamerweise tun die wenigsten überhaupt etwas, um Einsamkeit zu verhindern. Schreiben Sie auf, was Sie gerne einmal tun möchten und welches Hobby Sie gerne ausüben möchten. Sagen Sie jetzt bitte nicht, dass das allein keinen Spaß macht. Wenn Sie erst einmal im Drachenfliegerclub angekommen sind,

werden Sie genügend Leute treffen, die mitmachen. Hören Sie damit auf, ständig Ausreden zu finden, um etwas NICHT zu tun. Bewegen Sie sich – nur wer sich bewegt, wird gesehen. Nur wer gesehen wird, wird gefunden.

Als Sie noch in einer Beziehung waren, hatten Sie die Ausrede, dass Ihr Partner zum Drachenfliegen keine Lust hat. Dieser Bremsklotz ist nun weg und somit auch die Ausrede. Welche Ausrede haben Sie jetzt?

- Was würde ich gerne einmal unternehmen?
- Welche Hobbys möchte ich ausüben?
- In welchen Gruppen könnte ich mich wohlfühlen? Machen Sie das zu Ihrer To-do-Liste.

Liebe, Lust und Sucht

Der Gehirnforschung verdanken wir die Erkenntnis, dass sexuelle Lust Teile des Gehirns aktiviert, die auch bei dem Genuss eines guten Essens und anderer angenehmer Erfahrungen angeregt werden.

Bei Liebe wird hingegen das Belohnungszentrum aktiv, das auch eng mit Süchten und Gewohnheiten verknüpft ist. Das unterstützt die Behauptung, dass jede starke Emotion auf Dauer süchtig macht, da sich der Mensch daran gewöhnt und sein Belohnungszentrum gerne regelmäßig aktivieren möchte. Eine weitere wichtige Erkenntnis ist, dass das menschliche Gehirn zwischen sexueller Lust und Liebe unterscheidet.

Es gibt aber auch Gemeinsamkeiten. Sowohl Liebe als auch Lust lassen sich bei Gehirnscans in Arealen nachweisen, die für soziales Verhalten

und Erwartungen zuständig sind. Wir haben also sowohl bei der Liebe wie auch beim Sex Erwartungen, die erfüllt werden sollen.
Verwandelt sich die Lust in Liebe haben Forscher nachgewiesen, dass sich die Signale des Gehirns in Bereiche verlagern, die mit Gewohnheiten und dem Streben nach Erfüllung verknüpft sind. Die Aktivitäten im Lustzentrum lassen dann allerdings nach. Oder anders ausgedrückt: Gewohnheit tötet Lust. Einerseits ist der Mensch ein Gewohnheitstier und liebt es, wenn alles bekannt, überschaubar und somit auch emotional kontrollierbar ist. Andererseits ist der Trieb wohl einer der stärksten Antriebsfedern und lässt sich nicht ungestraft unterdrücken. Die steigenden User-Zahlen bei Flirt- und Seitensprungportalen zeigt das recht deutlich. Es würde vielleicht dem ein oder anderen Menschen helfen anzuerkennen, dass er den Wohlfühlbereich genauso benötigt wie die Trieberfüllung.

Die Frage ist nun, ob ein Streben nach Erfüllung, so wie es bei der Emotion Liebe aktiviert wird, wirklich sinnvoll ist. Diese Erfüllung ist nämlich abhängig vom Verhalten einer weiteren Person. Wenn ich Erfüllung in der Liebe suche, mache ich mich abhängig von einem einzigen Menschen. Da Liebe an sich schon süchtig macht, so die Aussage der Neurowissenschaftler, bin ich also doppelt abhängig. Kein Wunder, dass eine Trennung oder Scheidung oftmals ein emotionales Chaos hinterlässt. Dem Süchtigen wird nicht nur das Heroin entzogen, sondern das Crack auch noch. Das fördert natürlich den Wunsch nach einem Ersatzstoff. Methadon – in Form eines Ersatzpartners muss her und zwar möglichst schnell. Wie sind Ihre Erfahrungen mit „schnellen Lösungen“ und „schnellem Ersatz“? Vom Regen in die Traufe?
Was wir wirklich brauchen sind langfristige Lösungen oder kurzfristigen Spaß, je nach Gusto, aber sicherlich keinen Ersatz-Pausenclown, der uns ins nächste Gefühlstief stürzt.

- Lasse ich mir nach Beendigung einer Beziehung genügend Zeit oder suche ich krampfhaft nach Ersatz?

- Strecke ich schon während der Beziehung meine Fühler aus und habe immer schnell eine/n Ersatzspieler/in auf der Bank?

Ausgenutzt

Geht eine Beziehung nach kurzer Zeit in die Brüche, haben Frauen meist das Gefühl, ausgenutzt worden zu sein. Selbst wenn der Ex-Partner eine akzeptable Begründung liefert, warum er die Beziehung nicht aufrecht erhalten kann, behaupten Frauen ungleich häufiger als Männer, dass sie sich sexuell ausgenutzt fühlen. Kaum ein Mann käme auf die Idee zu sagen, dass die Frau nur Sex von ihm wollte oder nur seinen Körper für ihren Spaß missbrauchte. Wir Männer sehen das ganz anders. Hatte eine Frau ihren Spaß mit uns, hatten wir auch unseren Spaß und die Beziehung oder Affäre war, nach männlicher Sicht, eine Win-Win-Situation. Beide hatten etwas davon. Es ist für einen Mann ein ziemlicher Schlag ins Gesicht, wenn die Frau dann behauptet, sie wäre nur Spielzeug gewesen. Für einen Mann ist es eine unlogische Behauptung, besonders dann, wenn die Frau zuvor noch sagte, dass sie Spaß beim Sex hat. War der Spaß allerdings vorgespielt, was tatsächlich noch vorkommen soll, darf man der Frau gerne bestätigen, dass sie ihr Problem selbst verursacht hat. Wer nicht sagt, was er braucht und will, und somit seinen eigenen Spaßfaktor reduziert, darf sich hinterher nicht beschweren, dass er nichts davon hatte. War das Vergnügen echt und das eigene Verhalten authentisch, gibt es keinen Grund, dem Ex-Partner sexuelle Ausbeutung zu unterstellen. Oder gibt es im 21. Jahrhundert immer noch Menschen, die glauben, Männer hätten mehr Freude am Sex als Frauen?

Meine Befragungen haben gezeigt, dass eine nicht unerhebliche Zahl der Frauen sich trotz einer für sie erfüllten Sexualität ausgenutzt fühlt. Zumindest glauben diese Frauen, mehr gegeben zu haben als der Mann. Genau hier liegt das eigentliche Problem. Der Glaube, dass es einen Unterschied gibt zwischen der weiblichen und der männlichen Hingabe. Sie sind gerade etwas verwirrt wegen dem Begriff „Hingabe“ im Zusammenhang mit „männlich“?
Genau. Wir sprechen nur bei Frauen von Hingabe. Sie gibt sich ihm hin. Er gibt sich ihr hin? Nein, funktioniert nicht. Aber eben nur sprachlich. Wir sind es nur nicht gewohnt, von männlicher Hingabe zu sprechen, aber wo soll der Unterschied sein? Männer sind beim Sex genauso nackt

wie Frauen. Es ist ihnen genauso peinlich, wenn sie es vermasseln. Sie sind genauso nervös beim ersten Mal und befürchten, mehr noch als Frauen, dass die Partnerin keinen Orgasmus bekommt. Männer befürchten genauso häufig wie Frauen den Anforderungen nicht zu genügen und was noch viel schlimmer ist: Der Mann „braucht" die Erektion; die Frau kann sich entspannen und den Knaben mal machen lassen. Der Stress ist für den Mann also sicherlich ebenso präsent wie für den weiblichen Part. Woher kommt also dieser Glaube der Frauen, mehr zu geben als ein Mann?

Männer kommen einem öfter auch mit dem Satz „Ich wurde ausgenutzt." Die Jungs meinen das aber eher finanziell. „Nun ja", entgegnet der Zyniker, „wer mit dem Porsche vorfährt, auf dicke Hose macht und so auf Weibchenfang geht, der zahlt halt nicht nur das erste Glas Sekt."

Wäre es nicht peinlich, wenn Sie sich eingestehen müssten, dass Sie GERNE leiden und sich GERNE als die/der Ausgenutzte darstellen, weil es so einfach und so praktisch ist, da es Ihnen hilft, die Schuld auf andere zu schieben?

Fühlen Sie sich jetzt gerade in den Hintern gekniffen? Prima! Selbsterkenntnis schützt vor Wiederholung.

- Stelle ich mich als der/die Ausgenutzte dar?

- Was habe ich dazu beigetragen, dass ich ausgenutzt wurde?

Einen Versuch ist es wert

Ist Ihnen schon einmal aufgefallen, dass

- Sie einem guten Freund kurzfristig absagen können, ohne dass er sauer wird?
- Sie zu einem Kumpel viel ehrlichere Dinge sagen, als zu Ihrem Partner?
- Sie geringere Erwartungshaltungen an Ihre Freunde haben und trotzdem schon ewig befreundet sind?
- Sie Ihrem Kumpel schon alle möglichen Dummheiten verziehen haben, bei Ihrem Partner aber einen riesigen Aufstand machen?

Nennen Sie es Authentizität, entwaffnende Ehrlichkeit oder meinetwegen auch Mut. Egal. Tun Sie es einfach: Behandeln Sie Ihren Partner wie einen Kumpel. Wie auch die Pharmaindustrie, so übernehme ich für diesen Versuch allerdings keine Garantie für Risiken und Nebenwirkungen.

Schweigen ist Gold?

Haben Sie auch manchmal den Wunsch, anderen Menschen die Meinung zu sagen, tun es aber nicht? Es gibt gute Gründe, es nicht zu tun, wenn es der eigene Chef ist, der Boss der örtlichen Rockerbande, eine Politesse oder der Herr Staatsanwalt – zumindest, wenn Sie nicht bereit sind, den Preis für Ihre freche Bemerkung zu zahlen. Ansonsten sollten Sie Ihrer Meinung Ausdruck verleihen, wenn es Ihnen wirklich am Herzen liegt, weil Sie ansonsten darunter leiden, es nicht gesagt zu haben. Das untergräbt auf Dauer Ihr Selbstwertgefühl. Außerdem hat Ihr

Gegenüber noch einen schönen Lerneffekt und den wollen wir unseren Mitmenschen ja nicht vorenthalten.

Leider hat man es uns abtrainiert, unseren Mund aufzumachen. Man hat uns suggeriert, dass man keinen Streit vom Zaun brechen und sich nicht aufregen soll über das dumme Geschwätz anderer Menschen. Das ist nur bedingt richtig. Wenn Sie erkennen, dass es Sie noch tagelang beschäftigt, dass Sie nichts gesagt haben, wäre es besser gewesen, Ihrem Zorn Luft zu machen. Political Correctness ist oftmals nichts anderes als Feigheit. Und es heißt nicht umsonst „political", denn es wird in erster Linie von rückgratlosen Politikern zur Norm erklärt, die sich bevorzugt so schwammig ausdrücken, dass Sie bei Bedarf schnell Ihr Fähnchen in die andere Windrichtung halten können.

Es ist auch ein Zeichen von Charakter, hin und wieder seinen Mitmenschen dezent auf die Füße zu treten. Liebe deinen Nächsten heißt nicht, dass mir jeder Mensch ungestraft Dummheiten erzählen darf.
Besonders bei der „Anbahnung" von Beziehungen, dem sogenannten flirten, gibt es wohl Zeitgenossen, denen ein „Wachrütteln" gut täte. Ob die Lektion gelernt wird, mag dahingestellt bleiben, aber man kann das eigene Gewissen durch die Feststellung beruhigen, dass man es zumindest versucht hat.

Hierzu eine kleine Geschichte, die sich so zugetragen hat und die verdeutlicht, dass Freundlichkeit nicht immer der beste Weg ist.

Eine Frau Mitte Vierzig sitzt im Fitness-Studio mit ihrem Trainer beim Kaffee. Der Trainer erzählt ihr, dass ein Mann sich nach ihr erkundigt hat und Informationen zu ihrer Person von ihm in Erfahrung bringen wollte.

Nun begab es sich, dass besagter Herr auftauchte und sich zu den beiden gesellte. Der Trainer verzog sich grinsend und überließ die Frau ihrem Schicksal. Die Frau schilderte den Mann wie folgt: schlechte Figur, deutlich älter als sie, ohne Witz, ohne Ausstrahlung, ohne Charme und mit Haaren, auf die man besser hätte ganz verzichten sollen.

Der Herr, der sich schnell als Arzt zu erkennen gab, witterte seine Chance und begann mit der nichtendenwollenden Aufzählung seiner Besitztümer im Stile von: mein Haus, mein Auto, mein Pferd, meine Aktien, meine Immobilien und so weiter und so fort. Er beendete die Aufzählung mit der ausgefallenen Bemerkung: „Wir könnten doch mal Kaffee trinken gehen."
Zu seinem Erstaunen bekam er ein höflich verpacktes „nein" – weil man (Frau) gar keine Zeit habe.

Die Dame stellte mir nun die Frage, wieso Männer so bescheuert sind, derart mit ihrem Geld anzugeben. Die Antwort lautet: Weil es funktioniert. Tatsache ist, dass niemand etwas tut, was ihm nicht in irgendeiner Weise einen Nutzen bringt. Tatsache ist auch, dass viele Frauen einen Versorger suchen. Hätte er nie Erfolg gehabt mit dieser Methode, würde er sie nicht anwenden. Der Mensch nutzt nur Methoden, die erfolgreich sind. Erfolgreich ist diese Methode schon, wenn sie bei einer von 10 Frauen funktioniert.

Nun fühlte sich diese Frau genervt, weil sie den Eindruck hatte, dass er sie für käuflich hielt. Da sie durch ihre Erziehung so konditioniert wurde, dass sie Unhöflichkeiten und Streit vermeidet, hat sie ihm das aber nicht gesagt. Das ist allerdings ein Fehler, denn political correctness ist hier nicht angebracht. Für ihre eigene Wertschätzung wäre es besser gewesen, dem Mann klarzumachen, dass sie von seinen Besitztümern wenig beeindruckt ist, da sie weder käuflich ist, noch einen Ernährer sucht, sondern einen Mann mit Stil bevorzugt – einen Stil, den er vermissen lässt und damit sei er hiermit offiziell disqualifiziert.

Unser Baggerkönig hätte dadurch vielleicht auch etwas gelernt, was nachfolgenden Flirtopfern hätte zugute kommen können. Stattdessen hat sie lediglich nein gesagt. Das war der zweite Fehler. Da es immer wieder Frauen gibt, die „nein" sagen aber „vielleicht" und manchmal sogar „ja" meinen, könnte es sogar sein, dass er es gar nicht als endgültiges „nein" erkannt hat, sondern nur glaubte, die Dame ziere sich noch ein wenig. Das ist wohl auch der Grund, warum Nervensägen so selten erkennen, dass sie Nervensägen sind – das weibliche „nein“ ist zu höflich und zu selten auch als solches gemeint.

- Sage ich immer, was ich denke, oder verpacke ich meine ehrliche Meinung in Höflichkeiten, weil ich niemanden auf den Schlips treten will?
- Ärgere ich mich später darüber?

Selbstmitleid

Warum werden Beziehungen aufrecht erhalten, die nicht glücklich machen? Warum werden Sie nicht beendet? Meine Theorie sieht vier Hauptgründe vor. Sie werden sicherlich noch einige weitere finden. Ich erhebe keinen Anspruch auf Vollständigkeit und umfassende Erkenntnis – es soll lediglich zum Nachdenken anregen.

Umstände

Unter diesem Sammelbegriff fasse ich alles zusammen, was im „Außen“ liegt. Dinge, die erst in zweiter Linie in unserem Charakter und unseren Emotionen begründet liegen. Alle Argumente, die vordergründig etwas mit Geld und dessen Verlust zu tun haben. Wenn man die Kosten und den Ärger einer Scheidung scheut, oder Angst hat, das Haus zu verlieren und ähnliches. Dazu gehört auch, wenn man anderen zuliebe die Beziehung aufrecht erhält – beispielsweise wegen den Kindern.

Ängste

Angst vor Einsamkeit, die Angst, den Freundeskreis zu verlieren, der Glaube, nichts Besseres zu finden oder gar verdient zu haben, die Angst, bei Null anfangen zu müssen, die Angst, es allein nicht zu schaffen, die Aufgaben des täglichen Lebens nicht bewältigen zu können und vieles mehr.

Vermeidungsmotivation

Solange die Vermeidungsmotivation unseres Gehirns stärker ist als die Zielmotivation, finden wir leichter Argumente etwas NICHT zu tun, als etwas endlich anzupacken. Wir LEIDEN noch nicht stark genug, um unsere Vermeidungsmotivation, die man auch als Bequemlichkeit bezeichnen könnte, auszuschalten.

Leidenschaftlich leiden

Leiden ist eine Emotion, die durch Neurotransmitter im Limbischen System entsteht. Neurotransmitter, die regelmäßig ausgestoßen werden, machen uns süchtig. Wenn Sie regelmäßig einen hohen Adrenalinschub bekommen, weil Sie oft riskant Auto fahren, werden Sie süchtig nach diesem Adrenalin. Sie werden immer öfter, immer riskanter fahren.
Der Mensch wird nach jeder Emotion süchtig, die er oft genug erlebt. Sie können also auch nach Trauer und Weinen süchtig werden, bzw. nach den dafür verantwortlichen Neurotransmittern. Deshalb gibt es Menschen, die sehr lange um Verstorbene trauern. Sie trauern gerne, da es für sie zu einer gewohnten Emotion wird, die ihnen Sicherheit vorspielt. So seltsam es klingt, aber das Trauern birgt ein gewisses Glücksgefühl in sich, da die Trauer zu einem festen, immer wiederkehrenden Ritual wird, das dem Menschen Geborgenheit vermittelt. Kurz und knapp gesagt: Der Mensch leidet GERNE, wenn er sich an das Leiden gewöhnt hat.

Es ist die Vermeidungsmotivation unseres Gehirns, die dafür sorgt, dass wir widerstandslos leiden, bis wir uns an das Leiden gewöhnt haben und es für uns zur Sucht wird.

Beschweren Sie sich nicht darüber, dass Sie so lange an einer Beziehung festgehalten haben, die Ihnen nur Kummer bereitet hat. Sie haben es gerne getan. Sie hatten die Möglichkeit, sich ein wenig selbst zu bemitleiden. Sie hatten ein Gesprächsthema, das Sie beim Kaffeekränzchen oder beim Stammtisch in die Runde werfen konnten. Plötzlich waren Sie Mittelpunkt und alle anderen haben Sie verstanden, Sie bedauert, getröstet, aufgemuntert und was auch immer. Sie bekamen die Aufmerksamkeit, nach der Sie sich in der Partnerschaft so gesehnt haben.

Vielleicht haben Sie aber auch ein übersteigertes Verantwortungsgefühl und stellen Ihre eigenen Bedürfnisse hinter die Ihrer Mitmenschen. Auch das ist eine Form des Leidens. Man leidet still vor sich hin, damit es anderen gut geht und glaubt, man hätte damit seine „gottgegebene" Aufgabe erfüllt.

Kennen Sie Menschen, die gerne leiden? Schließen Sie die Augen und stellen Sie sich die „Leidenden" vor. Die jammerhafte Stimme, mit der sie zum x-ten Mal über ihre Krankheit oder ihre schwere Kindheit lamentieren. Sehen Sie den wehleidigen, beleidigten oder zornigen Gesichtsausdruck vor sich, wenn der Leidende von seinem ungerechten Chef erzählt und von den bösen Kollegen oder dem undankbaren Partner? Wollen Sie so aussehen?

- Worüber klage ich?

- Was bringt mir das Klagen?

Ein Gedanke gegen die Verzweiflung

Haben Sie schon einmal diese tiefe Verzweiflung gespürt, ein Gefühl, als würde es einem den Brustkorb in der Mitte zusammendrücken und das Herz zerquetschen? Es ist wie ein Weltschmerz, eine unbeschreibliche Einsamkeit. Und plötzlich ist sie da – die Frage nach dem Sinn. Macht das Leben Sinn? Die Liebe? Ist das vielleicht mein Schicksal – einsam zu bleiben?

Es gibt kein Schicksal! Es gibt viele Schicksale – in jeder Person, in jedem Leben sind es unzählige. Jeder Moment Ihres Lebens ist der Beginn Ihres (neuen) Schicksals. Was Sie denken und jetzt entscheiden, beeinflusst Ihre Zukunft. Ein Kartenleger sagt Ihnen nur das voraus, was gerade JETZT in Ihren Karten liegt. Wenn Sie das für Ihr unausweichliches Schicksal halten, wird es eintreffen, weil Sie sich in Zukunft so verhalten werden, dass es eintreffen MUSS. Nehmen Sie die Karten als das, was Sie sind – eine Momentaufnahme Ihres jetzigen Seelenzustands – können Sie es in der nächsten Minute schon wieder verändern. Allein dadurch, dass Sie anders darüber denken.

Die Verzweiflung ist leider ein emotionaler Zustand, der genauso denkunfähig macht, wie der Hass. In so einem Moment eine mentale Übung zu machen, ist zwar theoretisch möglich, wird aber in der Praxis nur selten geschehen. Man muss schon einiges an Mentaltraining gemacht haben, um bei so starken Emotionen noch klar und systematisch denken zu können. Zumal es eher unwahrscheinlich ist, dass man dann überhaupt noch von Hass und Verzweiflung übermannt werden kann. Es wird dann wohl eher nur noch Enttäuschung sein. Je mehr Sie sich mit Ihren Emotionen befassen, desto leichter werden die Gefühlsgebilde und desto schneller haben Sie Ihre Gedanken wieder unter Kontrolle.

Was tut man aber, wenn man sich damit noch nicht oft befasst hat und das Gefühl der Verzweiflung und tiefen Trauer vermeiden möchte?

Zu einem Gedanken ist man in einer stark emotionalen Stimmung vielleicht noch fähig und der kann die Situation schon etwas entschärfen. Der Gedanke lautet: „Alles was geschieht, dient meinem persönlichen Wachstum.“

Was bedeutet das? Wir wachsen mit unseren Aufgaben. Geben Sie einem Kind immer nur leichte bzw. gleichbleibend schwere Aufgaben, wird es nicht intelligenter. Würden wir nur lieben, zärtlichen, mitfühlenden und gerechten Menschen begegnen, wäre die Welt perfekt und – genau – sterbenslangweilig. Jeder Mensch der uns verletzt – richtiger gesagt: Von dem wir uns verletzen lassen! – stärkt uns. So wie ein Knochen an der Bruchstelle nach der Heilung dicker geworden ist, so muss auch das sprichwörtliche Fell dicker werden, um uns vor erneuten Verletzungen zu schützen. Nur wer diesen Gedanken NICHT denkt, wird immer wieder leiden. Sie können nicht mehr wirklich leiden, wenn Sie diese Wahrheit für sich erkannt haben. Sie werden an allem, was Ihnen geschieht wachsen und stärker werden. Wenn Sie dazu noch erkennen, dass es immer zwei gibt, die sich anscheinend magisch angezogen haben, um sich gegenseitig eine Lehre zu erteilen, werden Sie Ihre Mitverantwortung erkennen und Ihre Persönlichkeit wird sich weiterentwickeln.

Sie können immer auf zwei Arten darüber denken:

1. Sie können denken, dass man Sie ausgenutzt hat, unglaublich gemein war und Ihre Ehre beschädigt hat. Sie können glauben, dass Sie durch nichts dazu beigetragen haben, dass es so gekommen ist und die Welt ungerecht und dumm ist.

2. Sie können aber auch der Überzeugung sein, dass Sie unaufmerksam waren und diesen Menschen in Ihr Leben gelassen haben. Sie können weiterhin davon ausgehen, dass er gekommen ist, um Ihnen genau DAS mitzuteilen. Sie können nun Vorsichtsmaßnahmen ergreifen, dazu lernen und sind für die Zukunft gewappnet.

- Mit welcher persönlichen Wahrheit werde ich glücklich, mit welcher unglücklich?

Das ist der Witz an der Geschichte: Es gibt keine Wahrheit. Nur Ihre persönliche. Was Sie glauben, wird Sie glücklich machen oder in Verzweiflung zurücklassen. Sie haben jederzeit die freie Wahl.

Das ist das einzig wirkliche Schicksal, das ein Mensch hat – die Qual der Wahl zu haben.

Idealpartner

Kann man den 100%igen Idealpartner finden? Gibt es das überhaupt? Keine Ahnung, ich weiß ja nicht was Sie suchen, aber Sie haben tatsächlich nur 2 Möglichkeiten.

Möglichkeit 1

Sie machen sich detaillierte Gedanken über sich und was Ihnen fehlt, was Ihnen gut tut, was Sie unbedingt brauchen und auch selbst zu geben bereit sind. Sie gestalten sich so Ihren Traumtyp, visualisieren ihn und machen sich auf die Suche. Durch die Konzentration auf Ihr Ziel, wird Sie Ihr Unterbewusstsein auf dem Weg zum 100%igen Idealtyp halten. Auf dem Weg zu Mr. oder Mrs. 100%, werden Ihnen einige 80-90%ige begegnen. Mit denen können Sie etwas Spaß haben und sich eine gewisse Zeit amüsieren, aber Sie werden Ihr Ziel nicht aus den Augen verlieren. Ob Sie dieses Ziel jemals erreichen, kann Ihnen niemand garantieren. Vielleicht ja, vielleicht nein, aber zumindest hatten Sie Spaß auf Ihrem Weg. Es ist so, wie es die Asiaten sagen: Der Weg ist das Ziel.

Möglichkeit 2

Sie setzen sich kein Idealziel. Sie fordern nicht 100%. Sie laufen ziel- und planlos durch die Gegend und haben ständig jemanden um sich, der dafür sorgt, dass Sie sich nicht allein fühlen. Irgendwann begegnet Ihnen jemand der die 65%-Schmerzgrenze leicht überschreitet. Er oder Sie erfüllen die Mindestanforderungen, die Ihr ziel- und planloses Gehirn als passend markiert, da es ja kein wirkliches Ziel hat, mit dem es vergleichen kann. Sie möchten einfach nur „ankommen", Ihre Ruhe haben, nicht mehr suchen und kämpfen müssen und Sie begehen den ersten großen Fehler Ihres Lebens: Sie heiraten das 66%-Limit. Wir könnten es auch als „must-have" bezeichnen – eine gut getarnte Kröte, die gerade noch so als Frosch durchgeht.

Jetzt wird geküsst was das Zeug hält, schließlich warten wir ja auf die Verwandlung zum Prinzen oder zur Prinzessin. Da das aber nicht klappen kann, beginnen wir mit unserer Veränderungsarbeit. Wir verändern aber nicht uns selbst, was weitaus sinnvoller wäre, sondern wir beginnen damit, an unserem Partner herumzunörgeln. Der Partner muss jetzt dafür büßen, dass wir uns nicht klar darüber waren, was wir GENAU wollten. Wenn sich das Opfer weigert, Operationen an Seele, Geist und Körper über sich ergehen zu lassen, beginnen wir zynisch, zickig oder pampig zu werden. Wir bauen kräftig Druck auf. Hilft das nicht, sind wir beleidigt und ziehen uns zurück.

Begegnet uns ein anderes 66%-Limit, schaltet unser Hirn sofort wieder in den Flirtmodus. Flirten Sie nur, wenn es Ihnen gerade Spaß macht, nicht weil Sie bedürftig sind. Bedürftigkeit, egal welcher Art (Erotik, Torschußpanik, Angst vor Einsamkeit usw.), ist ein denkbar schlechter Zustand um einen Traumpartner zu ergattern. Wer bedürftig ist, nimmt auch schon mal 64% mit nach Hause. Vor lauter Glückseligkeit, dass überhaupt noch jemand zuhört, lässt sich der Verheiratete auch gerne zu einem fliegenden Wechsel überreden. So kommt man vom Regen in die Traufe, oder von der Kröte zum Lurch. Das waren die 2 Möglichkeiten. Sie haben die Wahl.

Stellen Sie sich jetzt vor, Sie sind 85 Jahre und liegen auf dem Sterbebett. Stellen Sie sich vor, Sie hätten nach Möglichkeit 1 gelebt; immer auf der Suche nach 100% und die Fast-Perfekten zwecks Freizeitgestaltung mal eben mitgenommen. Wie wird wohl Ihr letzter Gedanke – Ihr Lebensrückblick – sein?

Meine Schätzung lautet: Ich habe gelebt!

Und wie wird Ihr letzter Gedanke auf dem Sterbebett lauten, wenn Sie Möglichkeit 2 gewählt haben?
Meine Schätzung lautet: War das alles?

Noch ein Wort zur Bedürftigkeit.
Bedürftigkeit ist eine Emotion. Man strahlt Sie aus. Was glauben Sie, können Sie bekommen, wenn Sie das ausstrahlen? Genau – einen anderen Bedürftigen. Zwei, die beide dringend Liebe brauchen, machen einen Deal: Liebst du mich, dann lieb' ich dich. Klar, dass hier von beiden Seiten nur gefordert wird, aber nicht wirklich gegeben.
Erst wenn Sie NIEMANDEN mehr brauchen, wird ein Mensch kommen, der dankbar annimmt, was Sie zu geben haben. Erst wenn Sie ganz „rund" sind, ganz in sich ruhen und mit sich selbst zufrieden sind; erst wenn Sie sich mit sich selbst befassen können, ohne sich zu langweilen; erst wenn Sie sich selbst lieben – dann erst kommt das 100%-Wunder.

- Liebe ich mich selbst?

- Bin ich zufrieden und glücklich mit mir und dem was ich tue und sage?

Orakel

In Zeiten der Beziehungskrise werden gerne Geistheiler, Handaufleger, Kartenleger, Trommelschamanen und sonstige Orakel aufgesucht. Das ist nicht weiter schlimm. Tragisch ist es nur, wenn das Orakel manipuliert. Familienaufstellungen sind eine Methode aus dem systemischen Coaching und durchaus sinnvoll, doch leider gibt es einige Aufstellungsleiter, die mehr manipulieren als coachen. Wenn bei Familienaufstellungen durch den Aufstellungsleiter solche oder ähnliche Sätze fallen, sollten Sie schnell den Raum verlassen:

- „Das sieht mir ganz nach einer Missbrauchserfahrung aus."
- „Ich glaube, Sie haben ein Vaterproblem."
- „Sehen Sie nicht, dass Sie ein Thema mit Ihrer Sexualität haben?"
- Klient: „Ich würde gerne meinen Sohn und meinen Vater aufstellen."
- Aufstellungsleiter: „Nein, wir stellen Ihre Mutter. Da liegt das Problem."

Solche und ähnliche Begebenheiten zeigen deutlich, dass eine Person versucht, dem anderen das eigene Denken aufzuzwingen. Ein Aufstellungsleiter KANN ES NICHT WISSEN, egal wie viel Erfahrung er hat. Jeder Mensch ist anders, hat andere Erfahrungen, Werte und Ziele. Die Erkenntnis, was hinter einem Problem steckt, darf nur vom Klienten selbst kommen. Sobald der Aufstellungsleiter Einfluss nimmt durch Suggestivfragen oder so tut, als wüsste er bereits, was Ihre Lösung ist, hat er die Grundregeln des systemischen Coachings verlassen. In diesem Fall werden nicht nur Sie selbst, sondern auch die unbeteiligten Zuschauer manipuliert. Bleibt am Ende einer Sitzung bei Ihnen noch ein ungutes Gefühl oder werden Sie gar im tränennassen Zustand entlassen, war es nichts weiter als ein Seelenstriptease, für den Sie auch noch zahlen mussten. Tatsächlich bringt diese Art der Familienaufstellung nur dem Aufstellungsleiter etwas. Da Sie nicht wirklich eine Lösung für sich gefunden haben und Sie auch keine Selbsterkenntnis erlangt haben, werden Sie wieder kommen. Schließlich hat man Ihnen meist auch gesagt, dass die Heulerei hilft. Das stimmt aber nicht. Weinen befreit nur, wenn es mit einer Erkenntnis Ihrer innersten Wahrheit einhergeht. Ansonsten ist es nur Selbstmitleid und führt Sie tiefer in die Verzweiflung und macht Sie somit abhängig vom Orakel.

Wunderheiler: „Ich sehe, Sie hatten eine schwere Zeit (tiefen Schmerz, großes Leid usw.)
Armes Opfer: „Ja, ich habe eine Scheidung hinter mir."
Wunderheiler: „Ich kann erkennen, dass ein Schatten hinter Ihnen steht. Könnte das Ihr Mann sein, der noch nicht losgelassen wurde?"
Armes Opfer: „Ja, aber auch meine Kinder haben sehr darunter gelitten."
Wunderheiler: „Ich spüre Frequenzen tiefer Trauer, die von mehreren Personen stammen. Wer litt noch unter dieser Trennung?"
Armes Opfer: „Tante Trudel, Onkel Heinz etc. pp.

Sie lachen? Zu recht, aber dieser Treppenwitz ist Realität in deutschen Räucherstuben. Die Technik, die hier von Wahrsagern angewendet wird, nennt sich „Cold Reading" und ist leicht erlernbar. Die erste gelungene Pseudohellseherei in unserem Beispiel ist die, dass er eine schwere Zeit sieht. Das ist jetzt wirklich keine Kunst, denn wer zum Orakel kommt und hat die Mundwinkel Richtung Erdmittelpunkt, der will bestimmt nicht wissen, wie er seinen Lottogewinn anlegen soll. Alles was danach kommt ist geschicktes Aushorchen, gepaart mit einer gekonnten Suggestion. Da werden Engel gehört, Schwingungen gespürt und Lichter gesehen, dass es eine wahre Pracht ist. Spätestens, wenn Ihnen zum Abschied noch ein Fläschchen Einhornessenz (kein Witz – suchen Sie im Internet) zum Sonderpreis von 23,90 € angeboten wird, sollten Sie erkennen, dass gesunder Menschenverstand anders aussieht.

Für alle die, die es aber unbedingt einmal ausprobieren möchten, hier ein Rezept für eine (fast) kostenlose Einhornessenz. Achtung Satire!

Mischen Sie unter ständigem Rühren und inbrünstigem Rezitieren der Worte „Heiliger Bimbam, setz' mir die Hörner auf" 4 cl Wodka, 8 cl trockenen Martini, 2 cl Tequila und 2 cl Gin. Entzünden Sie in einem weiteren Glas 8 cl Absinth um die Feuergeister zu besänftigen und schütten es brennend in das erste Glas. Trinken Sie alles in einem Zug aus und drehen Sie sich dann ganz schnell 5 Mal im Uhrzeigersinn. Danach werden Sie heftig mit dem Kopf auf die Tischkante knallen und die Einhornessenz ist aktiviert. Sehen kann man es dann am nächsten Tag. Die Engelein hingegen kommen gleich – schließlich haben die ja auch Flügel.

Beziehungsunfähig

Menschen werfen sich gerne gegenseitig vor, sie seien nicht beziehungsfähig. Was ist Beziehungsfähigkeit? Welche Eigenschaften gehören dazu?

„Die Bereitschaft Kompromisse einzugehen", heißt es da oft. Kompromissbereitschaft? Wollen wir das denn? Nein, wollen wir nicht. Müssen wir im Büro schon – brauchen wir im Privatleben nicht auch noch. Wir wollen keine halben Sachen. Wir wollen keine Mittelmäßigkeiten, dafür haben wir unsere Politiker. Wir wollen Mr. und Mrs. 100% – und eventuell noch die 80-90%igen, zur Intensivierung des Zielfindungsprozesses, auch Bespaßung genannt; aber mit Sicherheit keine Kompromisse. Das gilt für Männer wie Frauen gleichermaßen. Immer wenn wir uns auf weniger einlassen, werden wir früher oder später mit unserem inneren „Selbstfindungswunsch" konfrontiert. „Schatz, es liegt nicht an dir, es ist einfach so, dass ich mich jetzt erst einmal selbst finden muss. Mein Innerstes, weißt du?"

Das, was da angeblich gefunden werden muss, ist nicht das innere Selbst, sondern die Antwort auf die Frage: „Was will ich wirklich? Was brauche ich?“ Das sind allerdings Fragen, die Sie sich VOR der Beziehung hätten stellen sollen. Das ist nämlich die Frage nach dem Idealpartner bzw. die Frage, ob man überhaupt eine Beziehung BRAUCHT – und die stellen Sie sich jetzt? Nach 7 Jahren Ehe?

Sie haben also 7 Jahre gelitten. Das Leiden wurde stärker und stärker und hat Sie süchtig gemacht. Irgendwann war die Motivation zur Veränderung mächtiger als die Vermeidungsmotivation und Sie haben Ihren Selbstfindungstrip begonnen. Genau hier unterscheiden sich Menschen stark. Nicht in der Beziehungsfähigkeit, sondern in der Leidensfähigkeit. Viele Menschen sind nicht beziehungsunfähig – sie sind schmerzempfindlich! Da einige weniger leiden wollen, werden sie nach diesen Neurotransmittern auch nicht so oft süchtig und beenden ihr Leid frühzeitig. Der Selbstfindungsprozess beginnt bei einigen unserer Spezies eben etwas früher. Was aber keineswegs bedeutet, dass er erfolgreicher wäre.

- Leide ich gerne?

- Lasse ich meinen Partner leiden?

Bindungsängste

„Du bist Beziehungsunfähig!“ Das ist ein schönes „Totschlagargument“, gegen das man kaum Gegenargumente bringen kann, außer man haut in die gleiche Kerbe. Die gegenseitige Schuldzuweisung führt natürlich zu nichts – außer zu noch mehr Disharmonie.
Die Beziehungsunfähigkeit ist vielleicht eine Bindungsangst, denn die gibt es wirklich und es ist ein Phänomen das sich auszubreiten scheint – fast so wie das Internet – je mehr Singlebörsen, desto mehr Menschen mit Bindungsängsten.

Das Thema Bindungsangst ist sehr umfangreich und lässt sich in diesem Handbuch zum Selbstcoaching nicht ausreichend besprechen. Ich möchte nur auf die wichtigsten Erkenntnisse in diesem Forschungsbereich hinweisen. Wer sich in den nächsten Sätzen wiederfindet und mehr darüber wissen möchte, dem empfehle ich das Buch „Nah und doch so fern“ von Carter und Sokol. Es befasst sich auf 350 Seiten ausschließlich mit Bindungsangst, ihren Formen, ihrer Entstehung und ihren Folgen. Am Ende dieses Buches zeige ich Ihnen eine Übung zur Auflösung von Ängsten, die auch für Bindungsängste sehr gut geeignet ist.

Jetzt lassen Sie uns zuerst die theoretischen Aspekte der Bindungsangst beleuchten. Woran merken wir, dass Bindungsängste ein Thema in unserem Leben ist?

- Sie sind sehr kritisch und suchen schon beim ersten Kennenlernen intensiv nach Argumenten gegen eine Beziehung.

- Nach einer gescheiterten Beziehung blockieren Sie lange Zeit neue Bekanntschaften.

- Ihr Partner läuft vor Ihrer Liebe und dem Wunsch nach fester Bindung davon.

- Sie haben ein tiefes Bedürfnis nach Freiheit und brauchen viel Raum für sich und Ihre Hobbys.

- Sie fordern immer mehr Zeit und Aufmerksamkeit vom Partner, bis er flüchtet oder sich zurückzieht.

- Sie verstecken sich hinter Ihrem Job und geben die berufliche Karriere als Argument gegen eine feste Beziehung an.

- Sie pflegen ganz bewusst Ihr Image des „einsamen Wolfs“.

- Sie waren bisher noch nicht in der Lage, trotz Ihres Bemühens, eine längere Beziehung aufrecht zu erhalten.

- Sie befürchten bei festen Beziehungen einen Einschnitt in Ihre Persönlichkeitsentfaltung.

- Sie akzeptieren keine Schwächen bei Ihrem Partner.

- Sie melden sich oft tagelang nicht.

- Sie denken stark negativ über potentielle Partner, noch bevor Sie diese kennenlernen und pflegen Ihre Vorurteile (Glaubenssätze).

- Sie strahlen etwas aus und pflegen einen Lebensstil der abschreckend wirkt.

- Sie suchen sich immer wieder Partner aus, die nicht zu Ihnen passen.

- Sie suchen sich immer wieder Partner aus, die schon vergeben sind oder sonst wie unerreichbar sind.

- Sie suchen sich immer wieder Partner aus, die sehr weit weg wohnen.

Beim genaueren studieren dieser, sicherlich nicht vollständigen Liste, fällt auf, dass es zwei Arten von Bindungsängsten geben muss.

Die aktive Bindungsangst:
Das sind Menschen, die ganz bewusst Aussagen machen wie: „Ich habe keine Zeit für eine feste Beziehung." Diese Menschen blockieren bewusst und aktiv, ebenso wie die, welche ständig nach Mängeln bei anderen suchen – oftmals ohne sich die geringsten Gedanken über ihre eigenen Mängel zu machen. Die aktive Bindungsangst ist häufig bei Männern zu finden, was wohl dazu geführt hat, dass Frauen von Männern behaupten, sie seien beziehungsunfähig. Da ist es wieder, das böse Wort; aber nur keine Angst, die Frauen unter Ihnen bekommen jetzt auch gleich Ihre persönliche Portion „Schuldzuweisung".

Die passive Bindungsangst:
Diese Art ist schon viel schwieriger zu entdecken. Wir finden diese Variante in Sätzen wie: „Ich gerate immer an die falschen Männer." (nämlich die mit aktiven Bindungsängsten)
Wenn man sich immer wieder für eine bestimmte Art von Partner entscheidet, ohne etwas dazu zu lernen und ohne sein Beuteschema den eigenen Bedürfnissen anzupassen, dann ist die Bindungsangst ein Teil der EIGENEN Persönlichkeit. Niemand hat Sie gezwungen sich zu verlieben in:

- örtlich unerreichbare Internetbekanntschaften
- unnahbare Obercoole
- Verheiratete
- durchgeistigte Intellektuelle, denen man nicht das Wasser reichen kann
- Menschen aus einer ganz anderen sozialen Schicht
- Cowboys und Squaws, die ihre Freiheit über alles lieben und das auch offen kundtun

Sie haben es sich selbst herausgesucht. Es war Ihre freie Entscheidung. „Halt!", werden Sie sagen. „Das konnte ich doch vorher nicht wissen!"

Doch, konnten Sie. Ihrem Unterbewusstsein war es klar. Sie haben sich unterbewusst für jemanden entschieden, der Bindungsängste hat, um Ihre eigenen Ängste zu kaschieren. Wenn Sie sich also bei dem Gedanken ertappen zu glauben, dass Ihr Partner „beziehungsunfähig" ist, fragen Sie sich einfach, was Sie dazu bewogen hat ihn zu wählen.
Dieses Buch soll Ihnen helfen genau diese Dinge in Ihr Wachbewusstsein zu bringen. Nur wenn Sie sich selbst genau kennen, können Sie weitere Komplikationen vermeiden, da Sie nun die Möglichkeit haben, an sich zu arbeiten und in Zukunft ganz BEWUSST zu wählen. Die

passive Bindungsangst ist häufiger bei Frauen anzutreffen, womit der ausgleichenden Schuldzuweisung genüge getan wäre.

Analysieren Sie Ihre letzten Beziehungen um herauszufinden wo die ungelösten Bindungsängste zu finden sind. Hier einige Fragen, die Ihnen dabei helfen sollen. Beachten Sie dabei bitte, dass es immer eine aktive und eine passive Variante gibt.
Beispiel: Einer der Barrieren aufbaut, wenn es ernst wird und einer, der durch seine Forderungen Ängste schürt oder dem anderen keinen Freiraum mehr lässt.

Sie kommen schneller voran, wenn Sie Ihre Gedanken schriftlich festhalten und z.B. bei Ängsten Ihres Partners gleich daneben schreiben, ob Sie das nicht zu Beginn schon hätten wissen können oder diese Ängste nicht sogar unbewusst forciert haben. Denken Sie daran, dass es immer zwei gab, die sich auf etwas eingelassen haben – nie ist nur einer „Schuld". Wobei das Wort Schuld so oder so nicht in eine Diskussion gehört, da wir alle nur die Folge unserer Erziehung und unserer Erfahrungen sind. Erziehung und Erlebnisse wiederum werden von Menschen bewirkt, die selbst nur „geprägt" wurden. Die stärkste Prägung findet im Alter von 0 bis 6 Jahren statt. Hier spiegeln wir das Verhalten unserer Umwelt. Wir halten das für richtig, was wir erleben. Wenn wir älter werden möchten wir gewisse Verhaltensweisen zwar nicht mehr haben, aber sie wurden bereits zu einem Automatismus. Ist Ihnen schon aufgefallen, wie oft Sie nicht so werden wollten wie Ihre Eltern, aber sich hin und wieder bei recht ähnlichem Verhalten oder bewusst extrem gegen-poligem Verhalten ertappt haben?
Wie Sie diese Verhaltens- und Denkweisen auflösen können, habe ich in meinem ersten Buch „Wege zur inneren Freiheit – Gapra-Meditation", anhand von 35 mentalen Trainingstechniken aufgezeigt.
Nun zu den Fragen.

- Ziehen Sie Grenzen und errichten Hürden?
- Wollen Sie keine Erwartungen wecken?
- Halten Sie Treue und eine lange tiefe Beziehung für Utopie?
- Wahren Sie Distanz auch durch Fehlverhalten, wie Untreue und offensichtliches Flirten?
- Haben Sie oft enttäuscht und verletzt?
- Ist Ihnen Ihre verletzende Art bewusst?
- Sind Sie derjenige, der in allen Beziehungen mehr gefordert hat als der Partner?
- Glauben Sie, dass Sie mehr Liebe geben, als Sie bekommen?
- Fordern Sie Liebesbekenntnisse oder Liebesbeweise?
- Werden Ihre Erwartungen meist nicht erfüllt?
- Treiben Sie die „feste Bindung" aktiv voran und wenden Sie dafür viel Zeit auf?
- Sind Sie übermäßig emotional?
- Sind Sie übermäßig romantisch und idealisieren Sie leicht?
- Sind Sie überkritisch und haben an allem etwas auszusetzen, was der Partner tut?
- Unterdrücken Sie durch Worte?
- Erpressen Sie durch Tränen?

Vielleicht haben Sie gerade einige Erkenntnisse über sich gewonnen. Vielleicht fühlen Sie sich schuldig, weil Sie andere verletzt haben – es ist ganz wichtig, dass Sie es unter einem anderen Blickwinkel sehen:

1. Sie sind NICHT verantwortlich für das Leid anderer, denn niemand hat den anderen gezwungen sich das gefallen zu lassen und bei Ihnen zu bleiben.

2. Jede Beziehung dient der Weiterentwicklung BEIDER Partner. Wer die Möglichkeit des Lernens und der Entwicklung nicht nutzt, muss weiter leiden bis sein Zeitpunkt gekommen ist. Das aber liegt NICHT in Ihrer Verantwortung.

3. Seien Sie dankbar für Ihre Erkenntnis. Bei manchen Menschen kommt sie erst im Sterbebett, was äußerst unangenehm sein dürfte, weil uns dann die Möglichkeit des „besser machen und neu anfangen“ fehlt.

Eine passende Übung für das Auflösen von Ängsten finden Sie im Kapitel „Ich habe Angst vor Bindung“ – Ängste analysieren und auflösen.

Weisheiten – nicht nur für die Liebe

Die Liebe ist ein Feuer, das im Laufe der Jahre mehr Rauch entwickelt als Hitze.

Maurice Chevalier

Die 5 Hindernisse

Im Buddhismus kennt man keine Sünde. Der Begriff der Sünde wurde nur in Religionen benutzt. Religionen sind hierarchische Strukturen, die ihren Führern Macht und Reichtum garantieren. Der Buddhismus ist eine Philosophie, eine Geisteshaltung, die auf Weisheit und Menschlichkeit basiert. Ziel des Buddhismus ist die Verbesserung des eigenen Charakters, was wiederum Einfluss auf die zwischenmenschlichen Beziehungen und das gesamte Bewusstsein der Menschen hat.
Die Buddhisten nennen 5 Charaktereigenschaften, die diese Weiterentwicklung verhindern und die es zu vermeiden gilt. Betrachten wir uns diese Wesenszüge und prüfen wir, inwiefern wir in unseren Liebes-Beziehungen diese Merkmale wiederfinden.

Gier

Wir suchen mit unseren 5 Sinnen nach Reizen, die uns angenehme Momente verschaffen. Kurze Glücksgefühle, die durch selbst erzeugte Stimulationen immer wieder neu belebt werden müssen, da die Stimulation so schnell abnimmt, wie sie entstanden ist – und mit ihr das

Glücksgefühl. Das mag beim einen für sexuelle Reize gelten, ein anderer nutzt Luxusartikel, Geld oder Macht als Stimulanz. Oft dienen diese Sinnesreize nur dazu, unangenehme Gedanken zu verdrängen. Da Glücksgefühle nur von begrenzter Dauer sind, jagen wir ständig neuen, stärkeren Impulsen hinterher. Wir schaffen es nicht, den Genuss der vorherigen Stimulanz zu bewahren.
Erstellen Sie eine Liste:

- Welche unangenehmen Dinge und Gedanken verdränge ich mit meiner Gier?

Wut

Wut oder Zorn kann sich gegen Personen, Ereignisse oder Objekte richten. Wer wütend ist, findet immer gute Argumente, diesen Zorn zu rechtfertigen. Die zerstörerische Kraft richtet sich gegen die Menschen, Umstände und Gegenstände, die das Wunschbild zerstört haben. Es geht also um Erwartungen, die an andere gestellt und nicht erfüllt wurden. Richtet sich die Wut gegen einen selbst, bekommen wir so unsere Minderwertigkeits- und Schuldgefühle aufgezeigt. Zorn ist zwecklos. Er entsteht aus unrealistischen Forderungen an unsere Umwelt und an uns selbst.

Erstellen Sie eine Liste:

- Welche unrealistischen Erwartungshaltungen habe ich an mich und andere?

Sie brauchen Beispiele für unrealistische, irreale Forderungen? Ewige Treue, wahre Liebe, immer ehrlich sein, immer alles richtig machen, perfekt sein, immer gut gelaunt sein, perfekter Liebhaber sein, alles sofort verstehen können, Wunsch von den Lippen ablesen können, usw.

Wenn Sie wütend sind, fragen Sie sich meistens: „Womit habe ich das verdient; wieso tut er/sie mir das an?“
Stellen Sie sich das nächste Mal die richtige Frage: „Wie habe ich diesen Menschen bzw. dieses Ereignis in mein Leben gezogen? Durch welches Verhalten von MIR, wurde sein/ihr Verhalten erzeugt?“

Trägheit

Wann haben Sie sich das letzte Mal intensiv um Ihren Partner bemüht? Trägheit ist das Gegenteil von Neugierde, Erforschung, Experimentierfreude und der Dankbarkeit, dass der Partner immer noch da ist – trotz allem.
Trägheit ist in uns allen, früher oder später, mehr oder weniger. Trägheit wird am besten durch Zielsetzungen bekämpft. Setzen Sie sich kleine Ziele. Jedes erreichte Ziel, steigert Ihre Kraft und die Motivation das nächste Ziel anzupacken. Bleiben Sie neugierig und experimentieren Sie.

- Welche Ziele habe ich mir in der Partnerschaft gesteckt?

Wenn Sie jetzt keine Ziele nennen können, haben Sie Stillstand in der Beziehung. Stillstand bedeutet Rückschritt, denn was sich nicht weiter entwickelt stirbt aus.

Rastlosigkeit

Rastlosigkeit ist eine Kombination aus Ruhelosigkeit und Unzufriedenheit. Sie führt uns zur ständigen Fehlersuche. Fehler findet man immer – nichts kann perfekt sein, was der Mensch tut. Hat der Rastlose genug Fehler gefunden, ist es unmöglich für ihn zufrieden und glücklich zu sein, mit dem was er hat. In der Hoffnung irgendwo Perfektion zu finden, richtet sich der Rastlose nach außen. Je mehr er seinen Blick und seine Hoffnung auf die Außenwelt richtet, desto schneller verlässt er seinen inneren Bereich, sein Zentrum. Ruhe findet man aber nur im Zentrum, in sich. Ruhe ist genauso wenig im Außen zu finden, wie Liebe. Rastlose greifen ihre Mitmenschen oft an, bedauern das aber sehr schnell wieder und bekommen Schuldgefühle. Beim Abbau dieser Schuldgefühle entstehen Aggressionen gegen andere oder sich selbst.

- Welche Fehler suche ich bei mir und meinem Partner?

Misstrauen

Misstrauische hinterfragen Handlungen, Worte und Fähigkeiten. Sie sind auf der Suche nach Fehlern, um sie dann ihren Partnern vorzuwerfen. Egal wie sehr sie zu lieben glauben, die Liebe muss vom Thron gestoßen werden. Früher oder später beginnt die Suche nach der Unvollkommenheit des Partners. Sinn dieser Suche ist die Ablenkung von den eigenen Fehlern. Hat man die Unvollkommenheit des Partners erkannt, kann mit der Schuldzuweisung begonnen werden. Der Misstrauische ist nicht wirklich in der Lage Beziehungen einzugehen, da ihm seine eigene Unvollkommenheit durch sein Unterbewusstsein signalisiert wird und er seine Probleme auf seinen Partner spiegelt. Um seine eigene Unzulänglichkeit zu verbergen, kann er nur kurzfristige Partnerschaften eingehen, um nicht entdeckt zu werden. Der Misstrauische bleibt letztendlich lieber allein, aber natürlich sind die anderen Schuld daran, weil sie so unvollkommen waren.

- Was werfe ich meinem Partner vor?

Ihr Problem kommt von innen und Sie können es nicht anderen Menschen in die Schuhe schieben. Bleiben Sie eine Zeitlang allein. Kommen Sie zu der Erkenntnis, dass Sie nur misstrauisch sind, weil Sie sich selbst nicht trauen können. Sie haben Angst verletzt zu werden, daher verletzen Sie lieber zuerst andere.

Die 5 Universalgesetze

Es gibt 5 wichtige universale Gesetze, mit denen man im Einklang sein muss um ein glückliches und stressfreies Leben führen zu können.

Gesetz der Polarität

Das Gesetz der Polarität ist wohl das wichtigste und grundlegendste im Universum. Jedes positive Teilchen hat ein negatives Teilchen, das für die Stabilität, den Ausgleich sorgt. Das Gesetz der Polarität ist überall zu finden. Im Magnetismus der Erdpole, in den Atomen, in den Jahreszeiten, im Wechsel von Tag und Nacht und in vielem mehr. Die Polarität stellt den Ausgleich der verschiedenen Energien dar.

Ein gutes Beispiel für dieses Gesetz ist der Satz: Wo viel Licht ist, ist auch viel Schatten.

Der Mensch ist ebenfalls ein Wesen, das ständig um Ausgleich bemüht ist. Das gilt auf der Zellebene oder im Bereich der Vitamine und Mineralstoffe ebenso wie auf der Ebene des Charakters. Wir haben gute und negative Charakterzüge in uns, die ausgeglichen sein müssen, um weder Täter noch Opfer zu werden.

Ausgleichen kann man sie aber erst, wenn sie einem bekannt sind. Wer seine negativen Triebe leugnet und sie nicht als Teil seiner Persönlichkeit anerkennt, kann leicht von ihnen überrascht werden. Nur wer beispielsweise seinen Zorn kennt, kann ihn beherrschen. Eine zu starke Verschiebung der Pole hat ihren Preis.

Je mehr Energie man für eine Fokussierung, ein Ziel oder einen Wunsch aufwendet, desto stärker wird auch der Gegenpol – der Schatten. Diesen Schatten muss man erkennen und bearbeiten. Da dieses gegenteilig gepolte Energiefeld auch zunehmend stärker wird, ist es so, als würde uns unser eigener Schatten irgendwann einholen und überrollen. Das geschieht, wenn wir diesen Pol aus unserem Bewusstsein verdrängen.
Man könnte die Polarität auch mit dem Satz beschreiben: Alles hat seinen Preis.
Wende ich zu viel Energie für den Erfolg, den Reichtum oder den Ruhm auf, vergesse ich vielleicht meine Gesundheit und zahle hier einen Preis, der mir im Nachhinein zu groß erscheint.

Aufgabe ist es, den eigenen Schatten zu finden, das was man verdrängt hat und nicht wahrhaben will. Der Schatten muss anerkannt und als Teil unserer Existenz gewürdigt und respektiert werden. Wer seinen Schatten kennt ist gewappnet. Wer seine Schwächen kennt, der kennt auch den Preis, den er zahlen muss.

Fragen zum Schatten.

- Wann war der Schatten schon einmal von Nutzen?

- In welchen (fiktiven) Situationen könnte diese „schlechte“ Eigenschaft sinnvoll und hilfreich sein?

- Habe ich genügend gegenpolige Eigenschaften um den Schatten im Zaum zu halten?

- Welche Eigenschaften sind das?

- Was kann ich tun um die Pole im Einklang und in der Waage zu halten?

Gesetz der Anziehung

Wir gehen meistens davon aus, dass nervige Menschen und Probleme in unser Leben getreten sind, ohne dass wir etwas dafür können. Die Wahrheit ist, dass die negativen Eigenschaften sich gegenseitig anziehen. Das, was wir anderen Personen vorwerfen, ist unser eigener Charakterzug. Wir spiegeln nur unser Fehlverhalten auf unsere Mitmenschen. Dabei wechseln wir schnell und unbewusst zwischen den Kontexten. Dadurch fällt es uns so schwer das Verhalten als unser eigenes zu erkennen.
Wenn Sie beispielsweise einem Kollegen vorwerfen, er mache nur das aller nötigste und sei faul, müssen Sie nun, um Ihre eigene Faulheit zu erkennen, das Umfeld wechseln. Fragen Sie sich jetzt wann oder wo Sie faul sind. Vielleicht drücken Sie sich vor dem Wohnungsputz, oder Ihr Auto sieht innen aus wie eine Mülldeponie. Vielleicht sind Sie zu faul die Hausaufgaben Ihrer Kinder zu kontrollieren und lassen das lieber den Partner machen. Alle diese Dinge mögen ein anderes Level haben, weniger häufig vorkommen und nicht so gravierend sein. Das spielt aber alles keine Rolle, da es für Ihr Unterbewusstsein anscheinend trotzdem einen Mangel darstellt, den es gerne beheben möchte. Nur deshalb regen Sie sich über Ihren Kollegen auf – weil er Ihnen den Spiegel vorhält und Sie auf die eigenen Fehler hinweist.

Haben wir unser eigenes Fehlverhalten und unsere Mitverantwortung erkannt, legt sich der Ärger schnell und wir reagieren gelassen und besonnen.

Der Wechsel der Sichtweise ermöglicht es uns, die eigene Mitverantwortung an der Situation zu erkennen. Wir verhinderst dadurch, dass wir in die Opferrolle geraten, weil wir anderen die Schuld an unserem Leid geben. Jedes mal wenn wir anderen Menschen die Schuld geben, sagen wir genau genommen folgendes: „Ich bin zu doof mein eigenes

Leben selbst in die Hand zu nehmen und zu bestimmen was mit mir geschieht. Andere können mit mir machen, was sie wollen und darum geht es mir schlecht."
Das fördert nicht gerade das Selbstbewusstsein, sondern lediglich Neid-, Zorn- und Ohnmachtsgefühle. Schlechte Eigenschaften zu leugnen bringt allerdings nichts, da wir sie dadurch komplett aus unserem Fokus nehmen und ihnen so die Möglichkeit geben ungehindert wachsen zu können.
Diese Eigenschaften zu bekämpfen hieße aber sie stärker zu machen, da wir unseren Fokus auf sie konzentrieren. Wir sollten aber unsere Fokussierungsenergie für unsere Ziele nutzen, nicht für unsere Schwächen.

- Wie habe ich diesen Menschen bzw. dieses Ereignis in mein Leben gezogen?

- Durch welches Verhalten von MIR, wurde das Verhalten der Umwelt oder einer einzelnen Person erzeugt?

Gesetz der synchronen Handlung

Eine Änderung der Handlung bewirkt, dass sich gleichzeitig auch etwas am anderen Pol ändert. Alles hat einen Plus- und einen Minuspol. Hier erkennt man auch das Gesetz der Polarität – alles hat seinen Preis. Das Unterbewusstsein weiß recht genau, was unser Handeln für Folgen haben wird, wir müssen nur auf unsere Intuition hören.

- Alles ist miteinander verbunden – was ist mit meinem Problem bzw. meiner Handlung verbunden?

- Was hat sich im gleichen Moment verändert?

- Was wird alles beeinflusst?

- Bin ich dazu bereit?

Gesetz vom Anfang und Ende

Das Gesetz vom Anfang und Ende besagt, dass im Anfang schon das Ende zu erkennen ist. Würden wir also den Beginn einer Geschichte genau prüfen und uns über die wahren Emotionen und Beweggründe aller Beteiligter Gedanken machen, wüssten wir schon wie die Geschichte ausgeht. Wir tun das aber selten, denn wir sind oftmals naiv, enthusiastisch oder glauben keine andere Wahl zu haben.

Denken Sie jetzt bitte an eine Begebenheit, die fürchterlich schief ging. Aus welchem Grund ging es schief? Wie lautet die Charaktereigenschaft, die zum Scheitern führte? Gehen Sie nun zurück an den Anfang dieser Geschichte. Stellen Sie sich vor Sie sitzen in einem Kino. Lassen Sie den Film vor Ihrem geistigen Auge ablaufen. Erinnern Sie sich an alle Einzelheiten und suchen Sie genau diese Eigenschaft, die zum Scheitern führte. War diese (Charakter-)Eigenschaftsie nicht von Beginn an schon da?

- Wie hat alles begonnen?
- Was war charakteristisch für den Beginn?
- Was hätte mir auffallen können oder müssen?
- Warum habe ich es übersehen?
- Wollte ich es übersehen?
- Was war der Nutzen für mich, den Fehler „im System“ nicht zu erkennen?
- Bei welchen Begebenheiten ist mir ähnliches schon einmal geschehen?
- Lässt sich ein Muster erkennen?

Gesetz vom Teil und Ganzen

Der Blick auf das Ganze wird uns ermöglicht durch den Blick auf das Teil, auch wenn das Ganze für uns noch nicht in seiner Gesamtheit erkennbar ist. Das kleinste Teil enthält aber alle Informationen um das Ganze zu erkennen und zu verstehen.
Wir erinnern uns an das Gesetz vom Anfang und Ende – hier erkennen wir im Beginn einer Sache seinen Verlauf, seine Qualität und sein Ende – da alles zueinander passt. Bei der Beobachtung eines Teilstücks können wir ebenso Schlüsse auf das Ganze ziehen.

- Welche Teile des Systems erkenne ich, die nicht „rund" laufen?

- Was bedeutet das für das Ganze?

Zwei wichtige Techniken

Das Wesen wahrer Liebe lässt sich immer wieder mit der Kindheit vergleichen. Beide haben die Unüberlegtheit, die Unvorsichtigkeit, die Ausgelassenheit, das Lachen und das Weinen gemeinsam.

Honore de Balzac

Stressfreie Kommunikation

Gehen wir einmal davon aus, dass Sie nie gelernt haben sich durchzusetzen, sich zu widersetzen oder einfach mal eine Bitte abzuschlagen. Sie haben nie gelernt zu sagen, was Sie wollen und Ihr Wortschatz weist eine Fehlstelle bei „nein" auf. Sie haben sich Glaubenssätze zurechtgelegt, die dieses Verhalten rechtfertigen. Irgendwann startet die Rebellion Ihres Unterbewusstseins und Sie bekommen körperliche oder psychische Probleme. Wenn Sie dann die Phase erreicht haben, in der Sie erkennen, dass man Sie ausgenutzt oder manipuliert hat, ist das meist ein bitteres Erwachen. Diese Erkenntnis sorgt bei den meisten Menschen für eine heftige Reaktion. Es ist nicht ungewöhnlich, wenn daraus Wut oder Aggressivität resultiert und Sie äußerst unbeherrscht agieren.

Bestenfalls werden Sie sich unbewusst im Ton vergreifen, weil alle aufgestauten Emotionen auf einmal ausbrechen. Nun ist es Ihre Umwelt nicht gewohnt, dass von Ihnen Widerstand kommt. Sie haben ja jahrelang prima funktioniert. Wenn Sie nun explodieren, dann mit Sicherheit wegen einer Kleinigkeit, die das Fass zum überlaufen gebracht hat. Ihre Umwelt wird das nicht verstehen und Ihnen vorwerfen, dass Sie „ohne Grund" ausrasten. Für Ihre Mitmenschen ist es tatsächlich „ohne Grund", denn niemand kann wissen, dass Sie seit Jahren ja sagten, aber nein wollten. Ihre Umwelt wirft Ihnen dann Unbeherrschtheit und Zickengetue vor. Bestenfalls heißt es noch: „Jetzt plötzlich will er/sie sich selbst verwirklichen. Das hätte er/sie sich auch früher überlegen können, bevor wir das Haus gekauft haben."

Niemand wird verstehen, was in Ihnen vorgeht, da Sie ja nie den Mund aufgemacht haben. Das, was im Moment der Explosion aus Ihnen heraussprudelt, sind unverständliche, aus dem Zusammenhang gerissene, uralte Geschichten, die sich bei Ihnen zu einem schier unlösbaren Emotionsknäuel verwoben haben. Ihr Frust entlädt sich in Vorwürfen, die Ihr Kommunikationspartner selbstverständlich zurückweist. Um das alles zu verhindern, gibt es nur ein Rezept: Mund rechtzeitig aufmachen – aber richtig!
Viele Menschen kommunizieren in emotional aufgewühltem Zustand in der „Du-Form." Alles, was Sie auf diese Art von sich geben, kommt beim Gesprächspartner als Vorwurf an. Auch Verallgemeinerungen, wie „immer", „alle/s", „ständig", „wieder" usw., sind kein gutes Mittel, ein vernünftiges Gespräch zu führen und den Gesprächspartner zum Zuhören zu bewegen. Verallgemeinerungen werden vom Gesprächspartner als Übertreibung oder sogar als Lüge gewertet. Warum sollte jemand mit Ihnen sprechen, wenn Sie nur anklagen und übertreiben?

„Du machst immer ..."
„Du sagst ständig XY und dann streitest du es ab."
„Du wolltest doch, dass wir ..."
„Immer muss es nach deinem Kopf gehen."
„Du bist Schuld, dass es mir schlecht geht."
„ ..., dass es schief gegangen ist."

Etwas subtiler, aber nicht wirklich besser:
„Wer wollte denn XY; jetzt hast du ..." Hier tut man so, als läge es allein in der Verantwortung einer Person. Tatsache ist doch, dass Sie es zugelassen haben und nicht klar gesagt haben, dass es endgültige Konsequenzen

haben wird, wenn Ihr Partner gegen Ihren ausdrücklichen Wunsch handelt.

Eine bessere Art der Kommunikation, die weitaus weniger eskalierend wirkt, ist die „Ich-Kommunikation." Diese Ich-Botschaften, wie Sie Schulz von Thun in seinem Vier-Seiten-Modell (auch Vier-Ohren-Modell genannt) vorschlägt, wirken deeskalierend. Sie bestehen aus einem Gefühls- und einem Tatsachenteil. Die Gefühle werden durch die Ich-Formulierung zum Ausdruck gebracht und verhindern, dass es beim Gesprächspartner als Vorwurf ankommt. Was die Gefühle verursacht hat, wird durch eine sachliche Information erkenntlich gemacht.
Beispiel:
„Ich bin traurig, dass du zu spät gekommen bist."
„Ich habe das Gefühl, dass ich dir nicht wichtig bin, wenn du mich warten lässt."

Beide Versionen sind besser als: „Ständig kommst du zu spät." Die Killerphrase „ständig" in Kombination mit einer Schuldzuweisung, bringt die Kommunikation auf eine unschöne Ebene. „Warum kommst du eigentlich immer zu spät?", ist auch nicht viel eleganter.
Du-Botschaften implizieren, dass der Empfänger ein Problem hat. Wer gibt das schon gerne zu? Wenn Sie die Ich-Botschaft wählen, zeigen Sie, dass Sie ein Problem haben, das gelöst werden soll. Der Empfänger Ihrer Botschaft bekommt so die Chance einzulenken, zu erklären oder nachzugeben. Sie werfen Ihrem Gesprächspartner den Ball zu und machen Ihn so zu einem gleichwertigen Mitspieler, während Du-Botschaften den Partner, an die Ecke drängen. Er muss sich verteidigen.

Nicht jeder Satz der mit Ich beginnt, ist aber wirklich eine Ich-Botschaft: „Ich finde, dass du zu dick bist" bewirkt das gleiche Unbehagen wie: „Du bist zu dick." Besser wäre: „Du hattest so eine tolle Figur vor unserer Hochzeit. Ich wäre glücklich, wenn wir das wieder hinbekämen." Mit dem „wir" machen Sie gleichzeitig deutlich, dass Sie bereit sind zu unterstützen und mit dem Chips essen vor dem Fernseher aufhören, auch wenn Ihnen diese Kalorien (bisher) noch nicht geschadet haben.

„Ich finde, das ist alles Quatsch" bedeutet nichts anderes als „Es ist alles Quatsch, was du redest." Probieren Sie zur Abwechslung einmal: „Ich kann nicht erkennen, was du mir damit sagen möchtest."
Am besten wirken natürlich Sätze, die ein positives Gefühl zum Ausdruck bringen und keine Enttäuschung oder Verletzung. „Es war so schön, dass wir heute etwas gemeinsam unternommen haben" bedeutet natürlich nichts anderes als „Endlich machst du mal was mit mir gemeinsam", aber es verhindert Stress.

Verzichten Sie auf Worte, die das Gesagte abschwächen.
„Es macht mich ein wenig traurig, wenn du manchmal zu spät kommst" bewirkt auf Dauer nicht viel. Beim Empfänger kommt folgendes an: Da ich ja nur manchmal zu spät komme und sie das nur etwas traurig macht, ist es ja nicht so schlimm.

Angriffe abwehren

Einige Zeitgenossen sind regelmäßig auf Angriff programmiert und provozieren gerne – nicht nur ihre Partner, sondern auch Kollegen und wildfremde Menschen. Bevor Sie sich darüber ärgern, dass Sie mal wieder einem Angriff hilflos ausgeliefert waren, wenden Sie lieber die folgende Technik an: Abwehren durch auflaufen lassen.

Wenn Sie glauben, die vermeintlichen Wahrheiten Ihres Gesprächspartners annehmen zu müssen, machen Sie sich angreifbar. Sie beginnen sich dafür zu rechtfertigen, dass Sie nicht die gleichen Werte, wie Ihr Gegenüber haben. Wenn Sie sich rechtfertigen, geben Sie unbewusst zu, dass Sie falsch liegen. Für den Außenstehenden und Ihr Unterbewusstsein sieht es so aus, als würden Sie sich schämen, für das was Sie tun. In dem Moment haben Sie schon verloren. Später ärgern Sie sich über Ihr Verhalten und demontieren damit Ihr Selbstwertgefühl.

Machen Sie sich unangreifbar, indem Sie dem Vorwurf des Gegenübers zustimmen. Vorwürfe laufen ins Leere, wenn Sie ohne wenn und aber, dazu stehen, wer Sie sind und was Sie tun. Voraussetzung dafür ist natürlich, dass Sie selbst auch wirklich zu den Facetten Ihrer Persönlichkeit stehen. Ansonsten müssen Sie sich ändern.

- Bist du schon wieder schlecht gelaunt? – Ja. Schön, dass du es gemerkt hast.

- Fährst du immer noch diese Schrottkiste? – Ja, ich liebe es.

- Ihr Busen ist aber nicht echt. Das ist doch Silikon! – Natürlich, wenn man es sich leisten kann?

- Dein ständiges gezicke geht mir auf die Nerven. – Damit musst du leben.

- Deine Klamotten sind total out! – Ja, aber ICH bin IN.

- Ich finde Ihr Benehmen unter aller Kanone! – Ich find's prima.

- Was? Sie sind bereits drei Mal geschieden? – Ja, Gott sei Dank!

- Ist Ihre Freundin nicht ein wenig zu jung für Sie? – Gut beobachtet!

- Müssen Sie immer das letzte Wort haben? – Wie haben Sie das nur so schnell erkannt?

- Sie sind ein arrogantes Arschloch! – Ich bewundere Ihre Menschenkenntnis!

Irgendeiner dieser Sätze passt immer. Vergessen Sie nicht bei diesen Antworten ein dezentes Lächeln aufzusetzen. Manchmal genügt auch schon allein das Grinsen, um dem Angreifer das Gefühl zu geben, etwas Überflüssiges gesagt zu haben.

Manipulation und Lüge

Die Liebe ist einäugig, aber Hass gänzlich blind.

Berthold Auerbach

Wie einfach es ist, Menschen zu manipulieren

Über die Kunst der Manipulation oder die Allgegenwärtigkeit der Lüge.

Der Mensch ist ein guter Lügner. Das ist ein Erbe aus der Zeit, als Menschen noch in kleinen Sippenverbänden zusammenlebten. In dieser Zeit war der einzelne auf die Gruppe angewiesen. Das Überleben war nur im Schutz der Gemeinschaft möglich. Vergehen gegen die Regeln wurde mit dem Ausschluss aus der Sippe bestraft, was den sicheren Tod bedeutete. Daher durfte man sich nichts zu Schulden kommen lassen, oder man musste ein guter Lügner sein. Die Lügner haben ihre Techniken perfektioniert, die Ehrlichen gehen selten von einer Lüge aus.

Die Fähigkeit der Lüge und der Manipulation ist im Menschen so tief verwurzelt, dass es bereits zum Automatismus geworden ist. Wir sind ständig von diesen Techniken und Tricks umgeben, sodass sich die Täuschung schon als Normalität etabliert hat. Da es für uns gewohnte Verhaltensweisen und Techniken sind, erkennen wir sie nicht mehr als manipulativ und werden so leicht zum Opfer.
Eine Studie bei 3-jährigen hat ergeben, dass sich die lieben Kleinen sehr unterschiedlich verhalten, je nachdem, ob sie sich beobachtet fühlen oder nicht. War ein Erwachsener im Raum, waren die Kinder gerne bereit ihre

Spielsachen mit anderen Kindern zu teilen. Wussten die Kinder nicht, dass sie beobachtet wurden, war es ganz schnell vorbei mit der Harmonie und die Kinder ließen plötzlich niemanden mehr an ihr Spielzeug ran. Die Kunst der Manipulation und die Fähigkeit etwas darzustellen, was nicht der Wahrheit entspricht, d.h. die Vortäuschung einer positiven Charaktereigenschaft, beherrschen bereits Kleinkinder.

Eine Fähigkeit, die wir bereits als Kinder beherrschen, wird zwangsläufig zur Normalität und wir werden selbst zum Opfer dieser Norm, da wir nicht mehr sensibilisiert sind für die Lüge und die Täuschung.

Nicht nur Sekten machen sich das zu Nutze. Auch im Verkauf, in der Werbung und in der Politik, sind wir, ohne das Wissen über die Methoden und Abläufe, mehr oder weniger hilflos.
Die wichtigsten Techniken der Manipulation möchte ich Ihnen kurz aufzeigen. Sollten Sie sich dabei als Opfer oder auch Täter wiedererkennen, ist das kein Grund zur Verzweiflung. Wie gesagt, es ist bereits zur Normalität geworden. Nutzen Sie das Wissen, um sich in Zukunft zu schützen.

Die drei starken Charakteren.

Es gibt drei Charakterzüge, auf die wir besonders positiv reagieren. Hat man uns glaubhaft gemacht, dass unser Gegenüber über diese Fähigkeiten verfügt, sind wir leichter bereit alles zu glauben, was uns diese Person erzählt.

Autorität

Mit Autorität positioniert sich eine Person im sozialen Gefüge. Oft nutzt man hierzu eine Institution, einen Titel, einen Beruf oder auch Kleidung und Statussymbole. Andere Menschen sind dann leichter bereit ihr Denken und Handeln nach dieser autoritären Person zu richten. Schüler vertrauen Lehrern, Mitarbeiter vertrauen Vorgesetzten, Jung-Verkäufer

vertrauen dem Porsche des „Alten Hasen“ und Gemeindemitglieder ihren Pfarrern.
Hilfreich für den Aufbau von Autorität ist die Darstellung von Charisma, Entschlusskraft, Kompetenz oder das Einfordern von Traditionen. Am einfachsten ist es, Kompetenz vorzutäuschen, oder überprüfen Sie alle Aussagen anderer Menschen durch eine stundenlange Recherche im Internet?

Diese Faulheit macht sich der Betrüger zu nutze. Er schwätzt ein wenig klug daher, lässt ein paar Fremdwörter einfließen und kann sich gewiss sein, dass niemand sich traut deren Bedeutung zu hinterfragen. Man will ja nicht als Dummkopf dastehen. In Fachkreisen (der Kreis der genervten Mitarbeiter, die sich in stundenlangen Teamsitzungen zu Tode langweilen) nennt man das „Bullshit-Bingo“ – das aneinanderreihen von hohlen Phrasen. Beispiele gefällig?

- Heisenberg‘sche Unschärferelation
- Quantenphysikalisch bewiesen
- Shareholder Value
- Key Performance Indicator
- Proaktiv
- Konsolidierung
- Mutmaßliche Extremisten
- Think outside the box
- Total Cost of Ownership
- Best Practice Prozesse (besonders dämlich, da hier in einer Phrase gleich zwei Sprachen verbraten werden)

Wenn Sie einen Redner das, oder ähnliches sagen hören, können Sie getrost ein Nickerchen machen. Er hat keinen blassen Schimmer wovon er schwadroniert (auch ein schönes Wort ;-)

Ehrlichkeit

Die Bedeutung der Ehrlichkeit hat sich in den letzten Jahrzehnten gewandelt. Ging es früher darum die Wahrheit zu sagen und nicht zu lügen, gilt heute als ehrlich, wer zu sich selbst steht und in Bezug auf seine Charaktereigenschaften nichts beschönigt.

Es ist völlig utopisch, nicht lügen zu wollen. Bereits die Begrüßung „Hallo, wie geht es dir", ist genau genommen bereits eine Lüge, da wir in den seltensten Fällen wirklich wissen wollen, wie es dem anderen geht. Prüfen Sie es. Beantworten Sie das nächste Mal diese Frage mit: „Es geht mir schlecht. Ich habe jede Menge Probleme." Beobachten Sie dabei, wie Ihrem Gegenüber die Gesichtszüge entgleisen und er befürchtet, sich jetzt Ihre Lebensgeschichte anhören zu müssen. Eine Lüge ist oft auch die standardisierte Floskel: „Du siehst gut aus." Wie oft sagen Sie das, ohne es wirklich zu meinen? Unsere Kommunikation ist geprägt von Übertreibungen, nicht so gemeinten Nettigkeiten und Notlügen. Auch das Weglassen einer Wahrheit oder Information ist bereits eine Lüge.

Kein Wunder also, dass man den Begriff der Ehrlichkeit jetzt eher mit „zu sich selbst stehen und negative Eigenschaften anerkennen" gleichsetzt. Das birgt aber ungeahnte Gefahren in sich:
Es wird jetzt sehr einfach Ihnen weiszumachen, dass ich ehrlich bin. Ich muss nur eine belanglose negative Charaktereigenschaft eingestehen und schon sind Sie bereit mir zu vertrauen. „Wer so ehrlich und offen ist, dass er seine Schwächen zugibt, der wird mir auch kein überteuertes Produkt verkaufen" – wenn das Ihr Glaubenssatz ist, haben Sie ein Problem.

Sympathie

Menschen, die sympathisch wirken, verkaufen ihre Produkte, Meinungen und Systeme leichter.

Wie erzeugen Profis Sympathie?

Regel Nr. 1:
Blickkontakt aufrecht erhalten ohne zu starren und ein Lächeln aufsetzen. Das vermittelt Offenheit.

Regel Nr. 2:
Aufmerksamkeit signalisieren und die Körpersprache des Gegenüber dezent übernehmen. Das wird vom Gesprächspartner verstanden als: „Ich bin wie du und hör‘ dir zu.“

Regel Nr. 3:
Den Gesprächspartner regelmäßig mit Namen ansprechen. Wir lieben es, unseren Namen zu hören.

Regel Nr. 4:
Immer eine ehrliche Meinung abgeben. (Siehe Abschnitt „Ehrlichkeit“)

Regel Nr. 5:
Höflich und freundlich erscheinen. Getränke anbieten, Small-Talk machen und dadurch die Spannung und Nervosität aus der Situation nehmen. Man könnte auch sagen: „Das Opfer in Sicherheit wiegen.“

Regel Nr. 6:
Empathie, sprich Mitgefühl aufbringen. Die Fähigkeit sich in die Situation und Emotion eines anderen hineinversetzen zu können, baut Vertrauen auf.

Regel Nr. 7:
Gemeinsamkeiten suchen. Gemeinsame Interessen und Hobbys entdecken und dadurch ebenfalls Vertrauen aufbauen. Das können offensichtliche und banale Dinge sein, wie Autos, Kinder, Familie usw.

Sehr wahrscheinlich sind Sie bereits mitten im Kopfkino. Der Termin mit einem Geldanlageberater erscheint vor Ihrem geistigen Auge, das Gespräch mit Ihrem Chef, die letzte Teamsitzung und der nette Verkäufer vom Autohaus tummeln sich jetzt bereits im Oberstübchen. Analysieren Sie diese Abläufe und erkennen Sie die Muster, damit Sie beim nächsten Mal gewappnet sind.

- Wie leicht vertraue ich den drei Kräften Autorität, Ehrlichkeit und Sympathie?

- Ist es einfach, mir diese Eigenschaften vorzuspielen?

Ein Spruch, der gut zu diesem Thema passt lautet:
„Gute Personalführung bedeutet, den Mitarbeiter so schnell über den Tisch zu ziehen, dass er die Reibungshitze als Nestwärme empfindet."

Falls Sie einmal gefragt werden sollten, warum Sie früher Feierabend machen wollen oder wieso Sie jetzt schon wieder keine Lust haben die Wohnung zu putzen, antworten Sie:

„Weil eine Emission energiereicher Strahlungsquanten seitens des Zentralgestirns des Solarsystems sich exterritorial manifestiert."
(Weil draußen die Sonne scheint)

Damit geht die erste Runde Bullshit-Bingo an Sie. ;-)

Die Regeln der Manipulation

Hier ein paar einfache Regeln für den Verkauf und die Manipulation. Die Einsatzgebiete sind vielfältig. Auch die Beispiele zum Stichwort „Gewinn und Verlust“ sind nicht nur auf den Verkauf und das Thema Geld beschränkt. Man wendet diese Techniken auch in der Politik und bei zwischenmenschlichen Beeinflussungen an. Schließlich kann auch mit Liebe, Zuwendung usw. spekuliert oder belohnt und mit deren Entzug gedroht werden.

Manipulative Techniken

Signalisieren, dass man die Person mit der man verhandelt, schätzt. So kommt die Person nicht so schnell auf den Gedanken, dass sie über den Tisch gezogen werden soll.

Geschenke erzeugen Schuldgefühle. Wer Schuldgefühle hat, zahlt später mehr als nötig. Erst schenkt man Ihnen etwas – dann fragt man nach einer Spende, die den Wert des Geschenks oft weit übertrifft.

Good Cop – Bad Cop. Der Bad Cop (der böse Verhandlungspartner) baut Druck auf und sorgt für eine aggressive Gesprächsstimmung. Nachdem er, nach getaner Arbeit, den Raum verlassen hat, erzeugt der Good Cop (der nette Verhandlungspartner) beim Gesprächspartner das Gefühl der Dankbarkeit. Der dankbare Gesprächspartner ist erleichtert und willigt nun schneller in das Angebot ein.

Kontext verändern. Wenn etwas zu teuer erscheint, fragt man den Kunden: „Verglichen womit?“ Da es immer eine teurere oder schlimmere Variante gibt, relativiert sich der hohe Preis.

Ein Euro ist ein Euro. Wenn Sie einen Fernseher für 998 Euro kaufen wollen und in einem anderen Geschäft kostet er 986 Euro, sind Sie eher nicht bereit durch die halbe Stadt zu fahren wegen 12 Euro. Kaufen

Sie einen Taschenrechner für 24 Euro und erfahren, dass er woanders 12 Euro kostet, wären Sie bereit die Fahrt auf sich zu nehmen. Das ist irrational. 12 Euro sind 12 Euro. Der Verkäufer des teuren Artikels hat es leichter Ihnen mehr Geld abzunehmen.

Probleme relativieren. Denken Sie immer daran, dass jedes Problem relativ ist. Wenn der Manipulator es schafft Ihnen die Relativität deutlich zu machen, haben Sie schon verloren. Es lässt sich immer eine schlechtere Position darstellen, was dazu führt, dass Sie dankbar sind, dass es nicht SO schlimm gekommen ist. Wenn Sie 35 Euro Strafgebühr in der Videothek bezahlen müssen, sind Sie zu recht stinke sauer auf Ihren Filius. Bekommen Sie eine Steuernachforderung von NUR 350 Euro, sind Sie überglücklich, dass es nur so wenig ist – was sind da schon 35 Euro für die Videothek? Alles ist relativ, aber die 35 Euro Mahngebühr wegen Schusseligkeit, zahlen Sie trotzdem.

Gewinne und Geschenke aufteilen in mehrere Portionen. Da jedes, noch so kleine Geschenk und jeder unerwartete Gewinn glücklich macht, gehen Firmen dazu über, Gewinne und Geschenke zu splitten. Lieber zwei kleine Gewinne, als einen großen Gewinn. Die 2 kleinen Geschenke machen uns zwei Mal glücklich und bleiben so länger in unserem Gedächtnis. Der Werbeeffekt ist größer.

Rückvergütung statt Rabatt. Ein häufig auftretender Trick, ist die nachträgliche Zusendung eines Schecks nach dem Kauf. Dieser wird von uns als Gewinn wahrgenommen und erzeugt in unserem Gehirn ein Glücksgefühl. Ein Rabatt hingegen ist für unser Gehirn nur die Verringerung eines Preises, der vielleicht immer noch zu hoch ist.

Verluste zusammenfassen. Es werden keine Einzelposten berechnet, sondern nur ein Gesamtpreis. Das ist für uns weniger schlimm, als die Auflistung vieler kleiner Verluste.

Risikogeschäfte. Kommt die Sprache auf mögliche Verluste, argumentiert man immer mit der Risikobereitschaft, die ja angeblich das Rezept der Reichen und Erfolgreichen ist. Mögliche Gewinne verkauft man am besten, in dem man an das Sicherheitsbedürfnis des Menschen appelliert.

Artikel 30 Tage zur Probe. Da wir Menschen ungern etwas zurück geben, was sich schon in unserem Besitz befindet, ist es ein netter Verkaufstrick, dem bankrotten Kunden den Artikel mitzugeben und ihn später zahlen zu lassen. Wenn wir etwas zurück geben müssen, empfinden wir das als Verlust. Wir zahlen dann lieber.
Zahlen Sie mit Ihrem Weihnachtsgeld. Das Geld, das Sie in der Tasche haben, geben Sie ungern her. Das Geld, das Sie erst im Dezember erhalten werden, geben Sie bereitwilliger aus.

Bargeldloser Zahlungsverkehr. Das die Plastikkarte dazu verführt, Geld auszugeben, das man eigentlich nicht hat, muss nicht noch erklärt werden, oder?

Rabatt-Trick. Man muss nur einen überhöhten Preis auf ein Schild schreiben, diesen durchstreichen und den regulären Preis (Wert?) darunter setzen, um seine größten Ladenhüter schnell los zu werden. Witziger weise halten sich die Käufer an den Wühltischen alle für Super-Schnäppchenjäger. Selbst wenn es wirklich reduzierte Ware ist: Es gibt immer einen Grund, etwas billiger zu verkaufen als zuvor...

Preis hoch ansetzen. Das kennen wir vom Flohmarkt – hoch anfangen und sich dann herunter handeln lassen. Beim ansetzen des Preises ist aber eine Sache wichtig: Wenn Sie den Referenzpunkt des Kunden überschreiten, ist er weg. Das gilt für alle Forderungen – auch in politischen Verhandlungen und in Beziehungen. Wird die Schmerzgrenze überschritten, gibt es selten noch eine Verhandlung. Das treffsichere Auffinden des Referenzpunkts ist deshalb auch wichtig, weil Nachforderungen ein KO-Kriterium darstellen. Wenn Sie nach abgeschlossener Verhandlung noch etwas nachfordern, gibt es keinen Abschluss mehr. Gute Verkäufer sind die, die den Referenzpunkt (die Schmerzgrenze) des Kunden am genauesten finden.

Wahlmöglichkeiten minimieren. Versuche haben gezeigt, dass zu viel Auswahl verwirrt und zu Entscheidungsunfähigkeit führt. Wenn Sie also wollen, dass sich Ihre Freundin schnell entscheidet, legen Sie Ihr nicht den kompletten Katalog hin, sondern nur die 2 Seiten mit den Schuhen, die Ihnen gefallen.

Knappheitsprinzip. Wir wollen das, was schwer zu haben ist. Wenn man uns vorgaukelt, dass etwas rar und selten oder schwer zu kriegen ist, zahlen wir gerne mehr.

Teuer zuerst. Wenn Sie einen Laden betreten, ist es meist so, dass die teuren Produkte zuerst kommen, damit Sie später erleichtert sind, eine preiswertere Alternative gefunden zu haben. Sie kaufen dann schneller. Im sozialen Umgang funktioniert es ähnlich. Erzählen Sie das Schlimme zuerst und besänftigen Sie dann mit den guten Nachrichten.

Masse bringt Masse. Der Mensch ist leider fehlerhaft programmiert, was dieses Prinzip beweist. Da, wo viele Menschen in der Schlange stehen, stellen sich noch mehr dazu. Wir glauben, dass Dinge, die bei vielen beliebt sind, besonders gut sein müssen. Leider ist das Gegenteil der Fall. Das, was die Masse bevorzugt, hat selten Qualität, da die Mehrzahl der Menschen nicht optimal informiert ist. Die Massenmedien bewerben nicht das beste Produkt, sondern das, wofür das größte Werbebudget zur Verfügung gestellt wurde.

Masse ist doof. Nicht umsonst gilt unter Sozialpsychologen: „Je größer die Menschenmenge, desto geringer die Durchschnittsintelligenz." Auch Hypnotiseure wissen, dass eine große Menschenmenge leichter zu manipulieren ist, als eine kleine Gruppe. Alle Diktatoren und Bierzeltprediger machen sich das bei Massenveranstaltungen zu Nutze. Wieso funktioniert das Doofe-Masse-Prinzip?

1. Die Intelligenten trauen sich nicht in einer Gruppe von stupiden Ja-Sagern zu widersprechen.

2. Bei dem Gegröle um sie herum, würde sie sowieso niemand verstehen.

3. Wenn Hunderte um Sie herum sitzen, die alle „ist ja toll" rufen, werden Sie irgendwann an sich selbst und Ihrer Meinung zweifeln und lieber den Mund halten.

Hot Buttons. Dieser Begriff stammt wahrscheinlich aus der Werbebranche – von den Meistern der Verführung und der Unterschlagung wichtiger Informationen. Mit Hot Buttons sind einfach nur Worte gemeint, die sich in Studien von Psychologen als „verkaufsfördernd" herauskristallisiert haben. Fast schon erschreckend ist die Tatsache, dass allein das Wort „weil" schon ein Verkaufsargument darstellt. Man hat nachgewiesen, dass dieses Wort allein schon als Beweis fungiert. Was nach dem Wort an Argumentationen aufgelistet wird, ist zweitrangig. Die meisten Menschen hören da schon nicht mehr richtig zu! Sie wissen hinterher nur noch, dass ein Beweis geliefert wurde, da es ja mit „weil..." weiterging.

Weitere Möglichkeiten Beweise zu liefern, wo keine sind oder Ihre Kritikfähigkeit mit nur einem Wort außer Kraft zu setzen, sind:
Professoren, wissenschaftliche Untersuchungen, Studien, neu, schnell, leicht, verbessert, Rezeptur, erstaunlich, effektiv...

Meister der Manipulation

Wie funktionieren eigentlich Sekten? Wie kann es passieren, dass intelligente Menschen immer tiefer in den Strudel einer restriktiv agierenden Gemeinschaft geraten und sich kaum noch daraus befreien können?

Man hat dazu ehemalige Sektenmitglieder befragt und die Vorgehensweisen und psychologischen Tricks analysiert. Teile dieser Methoden werden Sie wiedererkennen, da auch sie fester Bestandteil unserer eigenen Manipulationstechniken geworden sind.

1. Geborgenheit vermitteln. Die Gefahr, an eine Sekte zu geraten, hat man meist nur wenn man einsam ist und Probleme hat. Sekten stellen sich immer als große Familie von Gleichgesinnten und Helfern dar. (Sexuelle Übergriffe am Arbeitsplatz geschehen auch häufig dann, wenn der Täter beim Opfer einen emotional schwachen Moment erkennt)

2. Langsam steigern. Die Überzeugung für eine Sache geht nicht vom Führer aus, sondern von den bereits gewonnenen Mitgliedern, die den Neuling freundlich und behutsam einführen.

3. Geringer Druck und geringe Information. Zu Beginn wird niemand gezwungen wieder zu kommen, denn Rückzug der Gruppe erzeugt beim Menschen den Wunsch nach Annäherung an die Gruppe. Geringe Information erzeugt zudem Neugierde.

4. Illusion der Wahl erzeugen. Der Neuling glaubt fest daran eine Wahl zu haben. Er glaubt an seinen freien Willen und seine Entscheidungsfähigkeit, die nur langsam und schleichend verringert wird.

5. Wenig Belohnung. Die Gehirnforschung hat auch bei Kindern bereits festgestellt, dass Belohnung für gute Noten oder ein gemaltes Bild kontraproduktiv ist. Was das Kind freiwillig tut, macht ihm Spaß und es tut es wieder. Belohne ich, mache ich ein Geschäft oder einen Job daraus, was den Spaß verringert. Deshalb wird auch in Sekten wenig belohnt – es soll Spaß machen z.B. für den Verein Geld zu sammeln.

6. Schuldgefühle aufbauen. Sekten haben erstaunlich wenig Gesetze und Regeln. Mit der Erzeugung von Schuldgefühlen und Scham den anderen Mitgliedern oder dem Anführer gegenüber, hat man eine leichtere Methode der Kontrolle und Führung.

7. Bestrafung durch die Gruppe. Der Führer veranlasst bei Zuwiderhandlungen eine Bestrafung durch die Gruppe, indem er insgeheim einen aus der Gruppe dazu bringt, eine Bestrafung zu fordern. Der Führer hält sich hierbei total im Hintergrund und tritt nach der Bestrafung als verständnisvoller Vater auf. So bleibt er immer in der Position des „Guten". Das „Böse" wurde durch die Gruppe veranlasst.

8. Rechtfertigung. Irgendwann durchläuft jedes Mitglied einmal die Zeit, indem Zweifel am eigenen Handeln aufkommen. Meistens ist es dann aber bereits zu spät, denn ein typisch menschliches Verhalten hat zu diesem Zeitpunkt bereits die Oberhand gewonnen:

Erkennt ein Mensch eine Dissonanz zwischen seinem Denken und seinem Handeln, entscheidet er sich instinktiv dafür, Argumente und Rechtfertigungen FÜR sein Handeln zu suchen, anstatt sein Handeln seinem Denken anzupassen. Es wird krampfhaft nach Ausreden und Beweisen gesucht – und wie wir wissen – wer sucht, der findet.

9. Persönlichkeitsveränderung. Mag es zu Beginn noch eine Rolle gewesen sein, die man spielte, so wird man mit der Zeit zu dieser Rolle. Irgendwann ist es keine Rolle mehr, sondern die eigene Persönlichkeit.

10. Dissonanz erzeugt Beweise. Je tiefer man in eine Sekte gerät, desto größer wird der Widerstand, der einem von außen (Familie, Freundeskreis, Arbeitskollegen) entgegenschlägt. Alle sprechen abfällig über die Mitgliedschaft in dieser Gruppierung und man steht irgendwann allein da. Je dümmer man dasteht, desto größer die Dissonanz zum eigenen Handeln. Je größer die Dissonanz, wie bereits in Punkt 8 erwähnt, desto größer der Druck zu beweisen, dass man Recht hat. Dieses Verhalten beschränkt sich aber beileibe nicht nur auf Sekten. Immer wenn Menschen für ihr Verhalten oder ihre Entscheidungen angefeindet werden, erzeugt dieser Druck ein noch größeres Festhalten an eben diesen

Fehlentscheidungen. Es werden dann die absurdesten Argumentationsketten erzeugt, nur um keine Fehlentscheidung zugeben zu müssen.

Niemand ist vor Manipulation sicher, denn oftmals erfolgt sie schleichend. Niemand dürfte von sich behaupten, die eine oder andere Technik nicht schon selbst angewendet zu haben – es ist nur allzu menschlich und verlockend.

Warum das funktioniert?

„Es funktioniert so effektiv, weil nach einem wissenschaftlichen, durch zahlreiche Studien erwiesenen Prinzip, der Mensch verbesserte und neue Systeme bevorzugt konsolidiert."
Äh? Ja, genau...

Wie Sie sehen, geht die zweite Runde Bullshit-Bingo an mich. Seien Sie wachsam! ;-)

Lügen erkennen

Was sind Lügen?
Auch das Weglassen von Informationen führt in die Irre und ist wie die Halbwahrheiten ebenfalls eine Lüge.

Alle finden Ehrlichkeit wichtig, aber nur die wenigsten können Lügen entlarven, weil die Menschen gute Lügner sind. Wie bereits erwähnt - eine Fähigkeit aus längst vergangener Zeit. Früher war auch die Bestrafung für Lügen schwerer. Daher mussten Lügner gut sein.
Die meisten Lügen kommen nur durch Zufall ans Licht. Lügen erkennen, während sie ausgesprochen werden, können oft nur Verhörspezialisten. Man hat in Untersuchungen herausgefunden, dass Männer eher über sich lügen; Frauen eher über andere, z.B.: nicht ehrlich gemeinte Komplimente. Ansonsten gibt es wohl keine geschlechtsspezifischen Unterschiede beim Schummeln.

Es gibt auch keine typischen Verhaltensweisen bei Lügnern. Weder die Vermeidung von Blickkontakt, noch nervöses Zappeln oder die Länge der Sprechpausen sind, **für sich allein genommen**, ein Beweis für eine Lüge.

Seelische und geistige Verfassungen, können für veränderte Verhaltensweisen zuständig sein. Es ist auch möglich, dass bereits das Wechseln des Gesprächsthemas zu Verhaltensänderungen führt, aber nicht weil die Person lügt, sondern weil ihr das Thema unangenehm ist. Daher sind diese angeblichen Erkennungszeichen alleine noch kein Beweis für eine Lüge. Sie können nur als Anhaltspunkt herangezogen werden, wenn sie dem Referenzverhalten (Standartverhalten) widersprechen.

Nun wollen wir uns einige Techniken anschauen, die Ermittler und Verhörspezialisten anwenden um die Wahrheit ans Licht zu bringen. Vielleicht können wir das ein oder andere nutzen, um uns vor Lügnern zu schützen.

Technik 1
Nach dem Gegenteil fragen

Wir neigen dazu schnell zuzustimmen und ja zu sagen, um uns weitere Diskussionen zu ersparen. Wenn Sie also nach dem fragen, von dem Sie eigentlich ausgehen, dass es NICHT getan wurde, bekommen Sie immer eine Zustimmung.

„Haben Sie auch ein original Mercedes Benz Ersatzteil verbaut?"
„Ja, natürlich."

Besser:
„Sie haben ja ein preiswertes No-Name-Ersatzteil verbaut, oder?"

Wenn er jetzt nein sagt und darauf hinweist, dass in dieser Werkstatt nur Qualität verbaut wird, wissen Sie, dass es wahr ist.

Technik 2
Referenzverhalten ermitteln durch Small-Talk

Nicht einzelne Verhaltensweisen geben Aufschluss über die Lüge, sondern die Veränderung der Verhaltensweisen.
Es muss also zuerst immer ein Referenzverhalten erkannt werden.
Da Menschen gerne über sich sprechen, ermittelt man die Referenz mit Belanglosigkeiten:
Interessen, Hobbys, Musik, die Bilder an der Wand, Sport, letzter Urlaub, Freundeskreis. Bei Männern muss man darauf achten, dass sie gerne in den Bereichen Beruf und Geld schon mit dem Lügen beginnen. Hier wird dann das Referenzverhalten verzerrt!
Bei Nahestehenden sind wir oft „blind", da wir an das Gute glauben wollen und einen Vertrauensvorschuss gewähren.

Technik 3
Referenzverhalten ermitteln durch Kontrollfragen

Fragen stellen, deren Antworten man schon kennt. Bei der Wahrheit erhält man das Referenzverhalten. Lügt die Person später, erkennt man schnell die Verhaltensänderung zum Referenzverhalten.

Technik 4
Referenzverhalten ermitteln durch provozierte Lügen

Sie sagen: „Stiftung Warentest hat ermittelt, dass der Fernseher XY als bester abgeschnitten hat." (das entspricht nicht der Wahrheit)
Die Reaktion des Verkäufers zeigt Ihnen, ob er ehrlich ist. Sein Verhalten zeigt Ihnen, wie er sich bei Lügen oder eventuell bei der Wahrheit verhält.

Bitte bedenken Sie dabei, dass Sie das Gespräch bereits mit einer Lüge begonnen haben. ;-)

Die häufigsten Änderungen des Referenzverhaltens im Überblick:

- Stimmhöhe
- Lautstärke
- Sprachtempo
- Satzlänge
- Weniger Details
- Pausen
- Sitzposition

- Blickrichtung
- Bewegungen (mehr/weniger)
- Änderungen in der Mimik

Eine Veränderung allein, sagt noch nicht besonders viel aus. Erst eine Anhäufung von Verhaltensabweichungen kann als Beweis für eine Lüge gedeutet werden.

Häufige Themenwechsel zeigen erst das wahre Referenzverhalten, da auch Verhaltensänderungen möglich sind, weil der Person beispielsweise gewisse Themen unangenehm sind. Das bedeutet aber noch nicht, dass sie lügt.

Abrupte Vorwürfe und Schuldzuweisungen führen immer zu einem Veränderten Verhalten und sind somit kein Beweis für eine Lüge.
Zwischen dem Beobachten des Referenz-, bzw. Normverhaltens durch Stellen von Kontrollfragen etc. und dem eigentlichen Thema, sollte nur wenig Zeit liegen, da auch schwindendes Interesse und Müdigkeit zu Verhaltensänderungen führen können.

Technik 5
Reflexe erzeugen

Kritische Themen werden so verpackt, dass nur ein Täter sich durch auffälliges Verhalten verrät. Ein Thema wird nur angeschnitten, ohne einen direkten Bezug zur Person herzustellen und ohne jede Verdächtigung, obwohl man natürlich einen Verdacht hegt. Man kann z.B. das gleiche Vergehen anderer Menschen zur Sprache bringen. Wer sich ertappt fühlt, wird vom Referenzverhalten abweichen.
Die Konfrontation des vermeintlichen Lügners oder Täters mit einem Sachverhalt, wird nur vom tatsächlichen Täter als Anschuldigung verstanden. Der Reflex geschieht so schnell, dass der Beschuldigte seine überzogene Reaktion erst erkennt, wenn es zu spät ist.

Angst, Schuld und Freude.

Diese drei Emotionen wurden von Psychologen, als die, für Lügner typischen, ermittelt.
Daraus lassen sich die nächsten Techniken ableiten, denn Signale von Angst, Schuld und Freude sind leicht zu erkennen.

Technik 6
Angst verstärken

Verdeutlichen Sie dem Gegenüber, wie sehr Sie Lügen verabscheuen. Damit erhöhen Sie die Angst des Lügners vor einem Imageschaden. „Ich kann mit der schlimmen Wahrheit leben, aber nicht mit einer Lüge." (was natürlich gelogen ist)

„Und sei dir gewiss, dass ich jede Lüge durchschaue." (wieder gelogen)

Dadurch, dass der Mensch dazu neigt, zu glauben was man ihm sagt, verstärkt das die Angst des Lügners und verringert die Angst des Unschuldigen. Der Unschuldige kann nämlich durchaus auch Symptome der Angst zeigen, wenn man ihm z.B. sagt, dass die Beziehung beendet ist, wenn er nicht die Wahrheit sagt.

Der Gegenüber muss also davon überzeugt werden, dass man ein guter Menschenkenner ist. Das lässt sich mit einer kleinen Geschichte zu Beginn des „Verhörs" bewerkstelligen.

Technik 7
Schuldgefühl verstärken

Funktioniert wie oben, aber eben mit Betonung auf „das würde mich sehr traurig machen..." oder „du weißt wie sehr ich dich schätze..."

Wer jetzt noch lügt, zeigt eindeutige Körpersignale von Traurigkeit. Der Lügner dreht den Kopf zur Seite und kann einem nicht mehr in die Augen schauen. Der Täter möchte am liebsten ganz schnell den Raum verlassen. Das zeigt auch seine Körperhaltung.

Technik 8
Freude entdecken

Erfahrene Lügner empfinden weniger Scham und Angst, als vielmehr Freude über eine gelungene Täuschung. Grinsen und ein stärkerer Bewegungsdrang sind oftmals Anzeichen für einen glücklichen Lügner. Wer überteuerte Aktienfonds verkauft und der Meinung ist, dass jeder selbst Schuld hat, der zu viel zahlt, hat weniger ein schlechtes Gewissen, als vielmehr Spaß am Geld verdienen.

Angst-Emotionen erkennen (die häufigsten Verhaltensweisen):

- Blinzeln
- lange Pausen
- Stottern
- Wiederholung der Frage (Zeit gewinnen)
- Höhere Stimmlage
- Steifes Verhalten (Lügner neigen zu wenig Gestik und Mimik, um sich nicht zu verraten)

Schuld-Emotionen erkennen:

- Trauriger Blick
- Vermeidung von „ich“ und „mein“ (Entpersonalisierung der Aussage)
- Körper weg neigen
- Füße Richtung Tür strecken (würde am liebsten flüchten)
- Steifes Verhalten (Lügner neigen zu wenig Gestik und Mimik, um sich nicht zu verraten)

Freude-Emotionen erkennen:

- Verhalten erscheint unpassend
- Anzeichen von Stolz und freudiger Erregung
- Grinsen

Technik 9
Diskrepanzen erkennen

Oben – Unten – Diskrepanz

Am wichtigsten ist das Beobachten der oberen Gesichtshälfte, da diese bei künstlichen Gesichtsausdrücken am schwersten zu kontrollieren ist. Beispiel: der Mund lächelt, die Augen nicht.

Wenn die Augen nicht lächeln, ist die Emotion eher aufgesetzt. Es können aber auch Links – Rechts – Diskrepanzen auftreten. Beispiel: Ein Lächeln, das den Mund nur in eine Richtung verzieht.

Zeitpunkt der Mimik

Echte Emotionen treten im Gesicht VOR den Worten und der Gestik auf. Bei Lügen ist es oft umgekehrt.

Dauer und Intensität von Emotionen

Werden Emotionen vorgespielt, sind sie oft zu heftig und die Darstellung dauert zu lange. Der Laien-Schauspieler neigt zur Übertreibung.

Wechsel der Emotionen

Ein Mensch, der die Wahrheit sagt und mit dem was er sagt, eine bestimmte Reaktion erreichen will, hat dabei eine einzige Emotion.
Beispiel: Er droht ODER er bettelt ODER er zeigt Enttäuschung.
Ein Lügner testet häufig alle diese Emotionen in kurzer Folge, weil er wissen will, was bei Ihnen am besten wirkt.

Technik 10
0,5 Sekunden wahre Gefühle

Bevor der Täuscher seine aufgesetzte Mimik zur Schau stellt, zeigt er für die maximale Dauer einer halben Sekunde, seine wahren Emotionen. Mit etwas Übung und guter Beobachtungsgabe, lassen sich diese Mikro-Ausdrücke (entdeckt von den Therapeuten Haggard und Isaacs) erkennen.

Technik 11
Fragetechniken

- Keine Fragen stellen, auf die man mit Ja oder Nein antworten kann.

- Längere Schweige-Zeiten einfügen. (verunsichert den Befragten)

- Bei längeren Handlungsfolgen nachhaken und zeitlich springen. (Lügner können ihre Geschichte meist nur in chronologischer Folge erzählen) Springt man vor und zurück und fragt nach dem „was davor" war, gerät der Lügner durcheinander.

- So tun, als wisse man bereits genau Bescheid, was tatsächlich vorgefallen ist.

- Verständnis für eine eventuelle Lüge zeigen. (führt hin und wieder zum Geständnis)

Technik 12
Auf Details achten

Wahre Geschichten enthalten viele emotionale, verwirrende, verrückte Details und unpassend wirkende Gedächtnislücken. Zudem sind sie oft unstrukturiert und werden mit zeitlichen Sprüngen erzählt. Bei der wiederholten Erzählung, findet man oft leichte Abweichungen in der Erzählweise. Auch kleinere Gedächtnislücken, sind bei wahren Geschichten häufig. Lügen hingegen sind einstudiert, immer gleich und chronologisch logisch – aber es fehlen die Details und die emotionalen Ausbrüche.
Es ist doch seltsam, dass es keinerlei Gedächtnislücken bei Uhrzeit, Ort und Handlung gibt, aber alle anderen Details komplett fehlen. Wie war die Stimmung der Anwesenden? Wie war seine eigene Stimmung?

Kleidung? Musik? Gesprächsthemen? – und viele andere Dinge, an die man sich normalerweise erinnert, fehlen bei Lügen oftmals ganz.

Wie im richtigen Leben

Wahre Liebe

Klient: „Wir waren 5 Jahre zusammen, aber sie hat mich nie wirklich geliebt."
Coach: „Woher wissen Sie das?"
Klient: „Weil sie mich verlassen hat."
Coach: „Halten Sie sich für einen intelligenten Menschen?"
Klient: „Ja, schon."
Coach: „Wie kommt es, dass Sie dann 5 Jahre gebraucht haben, um das zu erkennen?"
Klient: „Ich dachte, es sei Liebe. Sie hat es gut gespielt."
Coach: „Sagen Sie mir, ob Sie folgende Sätze für wahr halten: Das Leben ist ein ständiger Wandel."
Klient: „Stimmt schon."
Coach: „Leben bedeutet Weiterentwicklung."
Klient: „Stimmt auch."
Coach: „Woher kommt dann Ihr Glaube, dass das für die Liebe nicht gilt? Ist Liebe nicht Teil des Lebens? Entwickelt sich Liebe nicht?"

Wenn sich Liebe entwickeln kann, was ja viele Menschen glauben – nach dem Motto: Liebe wächst mit der Zeit – warum sollte sie sich dann nicht auch von Liebe zu weniger Liebe entwickeln können? Wenn eine Beziehung endet, glauben viele daraus den Schluss ziehen zu können, dass die Liebe nicht ECHT war. Die Endlichkeit einer Emotion wird als Beweis für die Vorspielung dieser Emotion gehalten. Haben Sie tatsächlich so wenig Menschenkenntnis, dass Sie das jahrelang nicht gemerkt haben?

Auch die „wahre“ Liebe, sofern es sie überhaupt gibt, kann sich in beide Richtungen entwickeln. Deshalb war sie trotzdem einmal wahr. Und warum sollte sich jemand die Mühe machen, Ihnen jahrelang etwas vorzuspielen? Der Energieaufwand wäre zu hoch. Es ist eher so, dass Sie mit dem zufrieden waren, was Sie bekommen haben, denn es entsprach dem „Wert“ dessen, was Sie gegeben haben.

Ich will Liebe und Anerkennung

Coach: „Wie lautet das Ziel? Was wollen Sie erreichen?“
Klientin: „Ich will, dass er mich genauso liebt, wie ich ihn.“
Coach: „Haben Sie ein Recht darauf?“
Klientin: „Natürlich. Ich habe ein Recht darauf geliebt zu werden, da ich ja auch Liebe gebe. Er bekommt alles von mir, was er will.“
Coach: „Was will er denn?“
Klientin: „Ich gebe ihm das Gefühl geliebt zu werden.“
Coach: „Konkret.“
Klientin: „Ich kümmere mich um alles, die Finanzen, das Haus, die Kinder usw. Ich organisiere alles. Ohne mich würde nichts funktionieren. Manchmal glaube ich er wäre gar nicht lebensfähig ohne mich. Er kümmert sich um gar nichts.“
Coach: „Macht Ihnen das Spaß, das organisieren und verwalten?“
Klientin: „Ja, ich mach das gerne. Ich war auch früher in der Firma so eine Art Organisationstalent für alles.“
Coach: „Waren Sie das schon immer?“
Klientin: „Ja.“
Coach: „Und er eher nicht.“
Klientin: „Nein, konnte er noch nie.“
Coach: „Worüber beschweren Sie sich? Beide haben was sie brauchen. Sie haben Spaß an der Organisation, die Sie sich auch garnicht aus der Hand nehmen lassen würden, da sie

es besser können. Und er hat jemanden, der das übernimmt, da er es nicht kann. Wo ist das Problem? Beide haben was sie brauchen. Perfekte Ergänzung. Oder wollen Sie, dass er Ihnen diese Dinge teilweise aus der Hand nimmt?"

Klientin: „Nein, bloß nicht! Nein, ich will, dass er das anerkennt, was ich alles tue. Er tut so, als sei das alles selbstverständlich."

Coach: „Ist es auch."

Klientin: „Was? Das ist doch nicht selbstverständlich, dass ich mich um alles kümmere!"

Coach: „Haben Sie Spaß beim Sex?"

Klientin: „Was soll das denn? Was hat das damit zu tu?"

Coach: „Ja oder Nein."

Klientin: „Ja. Es macht Spaß."

Coach: „Arbeitet er?

Klientin: „Ja, natürlich."

Coach: „Stellen Sie sich vor. Jedes Mal, wenn Sie Ihren Spaß hatten oder er von der Arbeit kommt, will er dafür gelobt und anerkannt werden. Das wäre bescheuert, oder? Er tut es, weil er das gut kann und glücklich ist, dass es Ihnen gut geht. Es ist für ihn selbstverständlich. Warum ist es das nicht auch für Sie?"

Dankbarkeit ist wie Liebe. Man gibt sie, aber sie einzufordern erzeugt Kummer.

- Wann war ich das letzte mal dankbar für das was ich habe und bekomme?

Ich will zuhören

Man wirft den Männern gerne vor, dass sie nicht über Gefühle reden. Die simpelste Verteidigung wäre zu sagen, dass man es uns nicht beigebracht hat. Vielleicht etwas zu einfach, denn man könnte es ja lernen. Das Problem ist nur, dass wir den Vorsprung der Frauen nie aufholen können. Wir Männer fühlen uns in dieser Hinsicht oft hoffnungslos unterlegen. Da wir dann auch noch befürchten, dass man unser Innenleben mit weiblicher List für weibliche Zwecke missbrauchen könnte (was immer das auch sein mag), lernt ein Mann schnell, dass es besser ist, die Hosen nicht zu weit herunter zu lassen. Tatsächlich ist es auch so, dass Frauen ihre körperliche Unterlegenheit dem Mann gegenüber, durch psychologisches Wissen ausgleichen. Nicht mehr als gerecht. Auch Frauen lernen früh, dass man sich hin und wieder durchsetzen und verteidigen muss.

Klientin: „Ich ärgere mich, dass er nie etwas erzählt."
Coach: „Hören Sie denn gerne zu?"
Klientin: „Ja, natürlich."
Coach: „Hört er denn zu, wenn Sie erzählen?"
Klientin: „Ja, das muss ich zugeben, das tut er."
Coach: „Haben Sie denn viel zu erzählen?"
Klientin: „Klar, es gibt immer was zu erzählen. Von der Arbeit und dem Freundeskreis und so weiter."
Coach: „Hat er denn viel zu erzählen, weil Sie sagen, Sie hören gerne zu?"
Klientin: „Nein, das ist es ja; er erzählt ja nie was."
Coach: „Das bedeutet, Sie würden gerne zuhören, aber er erzählt nie etwas."
Klientin: „Genau."
Coach: „Könnte doch aber bedeuten, dass er nichts erzählen muss, da Sie ja schon über alles geredet haben."
Klientin: „Sie drehen mir das Wort im Mund herum. So war das nicht gemeint. Er käme schon zu Wort, will aber nicht."

Coach: „Ja eben, weil nichts mehr übrig bleibt. Welche Themen blieben denn noch?"

Klientin: „Na zum Beispiel, könnte er mal erzählen, wie es ihm so geht."

Coach: „Sie meinen Gefühle?"

Klientin: „Ja."

Coach: „Sprechen Sie über Ihre Gefühle?"

Klientin: „Ja."

Coach: „Hört er zu?"

Klientin: „Ja, aber ich glaube nicht, dass er wirklich alles so versteht, wie ich es meine."

Coach: „Derjenige, der spricht, ist dafür verantwortlich, dass der andere es versteht. Sprechen Sie so, dass er es versteht."

Klientin: „Ich kann doch nicht mit der Tür ins Haus fallen."

Coach: „Also geht es doch in Wahrheit nicht um seine Gefühle, sondern um Ihre. Sie wollen, dass sich etwas ändert."

Klientin: „Ich will, dass es etwas gefühlsbetonter wird. Etwas romantischer, könnte man sagen. Ich will ihn auch besser verstehen können, was in ihm vorgeht – gefühlsmäßig. Es ist schwer das auszudrücken."

Coach: „Ja, das ist es. Aber von ihm verlangen Sie es, obwohl Sie wissen, dass es für Ihn noch viel schwieriger ist."

Klientin: „Wie soll ich denn aber sonst an ihn herankommen?"

Coach: „Wenn Sie Emotionen wollen, dann MACHEN Sie es emotional. Was soll es bringen über Emotionen zu REDEN? Wenn einer gut quatschen kann und weiß, was Frauen hören wollen, erzählt er es Ihnen. Und? Hat das etwas mit der Wahrheit zu tun? Wenn er nicht über Emotionen reden kann, kann er sie vielleicht zeigen? FÜHLEN Sie sich geliebt?"

Klientin: „Ja. Ich weiß, dass er mich liebt. Ich spüre das. Wie er mich anschaut und meine Hand nimmt, wenn wir unterwegs sind und seine ganze Art."

Coach: „Ist das keine Kommunikation?"

Er kommuniziert – auf seine Art. Ein Mann, der nicht gerne redet, lügt auch nicht so viel. Was wollen Sie? Viel Gerede, viel angelogen werden? Seien Sie froh, wenn er Ihnen andere Signale schickt, die Sie deuten können. Hier können Sie sich ganz auf Ihre emotionale Intelligenz verlassen. Mimik und Gestik, die kleinen Signale, die jeder Mensch aussendet – ob er will oder nicht – lassen sich weniger kontrollieren und manipulieren, als Worte. Wenn Sie große Gefühle haben wollen, MACHEN Sie große Gefühle – und hören Sie seinen wortlosen Signalen zu. Mehr Wahrheit können Sie nicht bekommen.

Was natürlich nicht bedeutet, dass Männer die Kommunikation nicht lernen sollten. Aber falls er es nicht mehr lernt, könnte man ja zumindest dafür sorgen, dass es die Kinder lernen.

- Mache ich zu viele Worte?

- Will ich unbedingt „Ich liebe dich" hören und bin ich gerne bereit es zu glauben?

- Kommuniziere ich fair und offen, oder sage ich Dinge, nur weil Mann/Frau es gerne hören möchte?

Probleme angehen

Coach: „Was ist unser Thema?"

Klient: „Meine Frau drückt sich vor allen Problemen. Sie geht keine Sache richtig an, sie weicht aus."

Coach: „Welches Problem?"

Klient: „Zum Beispiel, dass unser Sohn nicht für die Schule lernt. Er ist intelligent, aber stink-faul. Er macht nur das Mindeste, das gerade so zur Versetzung reicht. Ich sage immer, er soll auch für die Fächer lernen, die ihm keinen Spaß machen, aber meine Frau hält sich da komplett raus."

Coach: „Ist das denn ein Problem? Und wenn ja, wessen Problem ist es?"

Klient: „Das ist schon ein Problem, weil unser Sohn keinen guten Abschluss macht und dann nicht den Beruf lernen kann, den er gerne ausüben möchte."

Coach: „Wessen Problem ist das?"

Klient: „Unser Problem. Das ist ein Familienproblem."

Coach: „Glauben Sie, dass man andere Menschen ändern kann?"

Klient: „Nein, ändern nicht, aber hier geht es um verstehen."

Coach: „Ist Ihr Sohn trotz seiner Intelligenz nicht in der Lage das zu verstehen?"

Klient: „Verstehen tut er es schon, aber er setzt es nicht um."

Coach: „Weil er nicht will. Also doch, ändern."

Klient: „Natürlich will ich etwas ändern, weil ich weiß, dass er später Probleme haben wird."

Coach: „Woher wollen Sie das wissen? Können Sie in die Zukunft sehen?"

Klient: „Das ist doch logisch. Schlechtes Zeugnis – schlechte Berufschancen."

Coach: „Gibt es nicht auch Menschen, die das erst spät erkannt haben und dann eben auf dem zweiten Bildungsweg, mit Weiterbildung oder Fernstudium usw. doch noch Karriere machen konnten?"

Klient: „Schon, aber er verliert viel Zeit. Das ist doch völlig unnötig."

Client: „Sie wollen Ihren Sohn davor schützen Fehler zu begehen. Sie möchten Ihre Erfahrung aus 43 Jahren gerne auf einen 15-jährigen übertragen."

Klient: „Natürlich, dafür sind Eltern da."

Coach: „Eltern sind dafür da, zu verhindern, dass Kinder ihre eigenen Erfahrungen machen?"

Klient: „Er soll natürlich seine eigenen Erfahrungen machen, aber ich will nicht, dass er die gleichen Fehler macht wie ich."

Coach: „Wie macht man Erfahrungen ohne Fehler zu begehen – indem man alles macht, was man gesagt bekommt? Was sollen das für Erfahrungen sein?"

Klient: „Das ist mir schon klar, aber es fällt mir schwer tatenlos zu zusehen, wie er in sein Unglück rennt, weil ich ja weiß wie es kommen wird."

Coach: „Wir sind schon wieder dabei die Zukunft vorauszusehen. Wenn Sie das könnten, hätten Sie gewusst, wie Sie Ihren Sohn dazu bringen können zu lernen – auch für Fächer, die ihm keinen Spaß machen. Sie haben es aber nicht vorhersehen können. Wie waren Sie als Jugendlicher?"

Klient: „Ich war genauso. Ich habe auch spät erkannt, dass man Leistung bringen muss um voranzukommen. Das ist es ja, was mich so nervt."

Coach: „Haben Sie das Ihrem Sohn schon einmal erzählt, dass Sie auch so waren und ihm klar gemacht, was Sie dabei an Zeit verloren haben?"

Klient: „Nein, so noch nicht. Aber ich habe ihm schon oft gesagt, dass er später Schwierigkeiten haben wird."

Coach: „Was ist der Unterschied zwischen: „Mach das so, weil ich es weiß" und „Mach das so, weil ich diesen Fehler selbst be gangen habe und es mich viel Zeit und Geld gekostet hat?"

Klient: „Ja, verstehe. Das eine hat einen Beweis, dass es wahr ist."

Coach: „Das eine ist eine Forderung, die damit begründet wird, dass man angeblich in die Zukunft sehen kann und das andere ist eine Lebenserfahrung, die man weitergibt. Bei den Erfahrungen können Sie Glück haben, dass Ihr Sohn sich sagt: „Ich will nicht so enden, wie mein Vater“ – das Hellsehen nimmt er Ihnen nicht ab.“

Klient: „Sie meinen so ein freundschaftliches Vater-Sohn-Gespräch.“

Coach: „Ja, einfach mal erzählen, wie Sie in Ihrer Jugend genau das Gegenteil von dem gemacht haben, was Ihr Vater Ihnen gesagt hat.“

Klient: „Bei mir war es die Mutter. Mein Vater hat sich herausgehalten.“

Coach: „Jetzt hält sich Ihre Frau raus.“

Klient: „Genau. Und ich krieg‘ die Krise.“

Coach: „Was bewegt Ihre Frau wohl dazu, sich raus zu halten?“

Klient: „Sie sieht das wohl nicht als ein Problem.“

Coach: „Genau. Wessen Problem ist es in Wahrheit?“

Klient: „Meines.“

Coach: „Wenn Sie aufhören würden mit Ihrer Vergangenheit zu hadern, könnten Sie dann damit aufhören mit der Zukunft Ihres Sohnes zu hadern?“

Ein häufiger Vorwurf an seinen Partner ist, dass er Probleme nicht angeht. Falls Sie das auch tun, fragen Sie sich, ob es wirklich ein Problem ist. Ist es ein Thema aus Ihrer eigenen Vergangenheit, projizieren Sie nur. Falls Ihr Partner andere Erfahrungen gemacht hat, kann er vielleicht gar nicht verstehen, wo das Problem sein soll. Ein weiteres Thema, das man aus diesem Gespräch erkennen kann, ist der häufig auftretende Wunsch, andere Menschen ändern zu wollen. Sie können andere Menschen nicht ändern – nur Ihre Einstellung zum Verhalten anderer Menschen. Wenn Sie ändern wollen, müssen Sie erziehen. Das geht aber nur wirklich widerstandslos bei Personen bis zum Alter von ca. 6 Jahren. Danach sind die Kinder geprägt und es wird schwierig, wenn man plötzlich das Gegenteil von dem erziehen will, was man Ihnen zuvor vorgelebt hat. Erwachsene kann man nur coachen, das bedeutet, dass man sie zu einer eigenen neuen Erkenntnis führt, die aber immer noch ihrem innersten Wesen entsprechen muss. Umdrehen, manipulieren oder zwingen kann man bestenfalls noch als schlechten Stil bezeichnen; wird aber hin und wieder versucht. Natürlich immer mit der Begründung, dass man nur ihr Bestes wolle. Ist es nicht in Wahrheit UNSER Bestes, das wir selbst nicht erreicht haben?

- Wo sehe ich bei anderen Menschen Probleme?
- Sind es vielleicht meine eigenen Probleme?

Drama-Queen

Klientin: „Ich weiß gar nicht wo ich anfangen soll. Mein ganzes Leben ist ein Chaos."
Coach: „Alles?"
Klientin: „Ja, wirklich alles. Es überrollt mich."
Coach: „Dann spielt es auch keine Rolle, wo wir anfangen. Beginnen wir mit Ihren Eltern. Wo sind da die Probleme?"
Klientin: „Mit meinen Eltern habe ich keine Probleme. Wie kommen Sie auf meine Eltern?"
Coach: „Sie sagten ALLES. Da fange ich gerne bei den Eltern an. Dann nehmen wir die Gesundheit."
Klientin: „Gesundheitlich habe ich keine Probleme. Da ist alles soweit ok. Mir geht es um andere Themen."
Coach: „Und mir geht es darum, dass Sie ALLES sagen und in Wahrheit nicht ALLES Probleme macht. Sie behaupten es nur."
Klientin: „Ja, das sagt man halt so."
Coach: „Womit haben Sie ein Thema?"
Klientin: „Mit meiner neuen Kollegin in der Firma und meinem Freund."
Coach: „Was macht die Kollegin?"
Klientin: „Sie schleimt bei unserem Chef. So schlimm, dass es schon peinlich ist. Das geht allen total auf die Nerven."

Coach: „Und Ihr Freund?"
Klientin: „Er hat kein Verständnis für mich. Er hört nicht zu. Es interessiert ihn nicht, wie es mir geht."
Coach: „Worüber wollen Sie denn reden? Was soll er verstehen?"
Klientin: „Z.B. die Sache mit der Kollegin; da hört er überhaupt nicht zu. Ich finde das unmöglich, dass er so tut als wäre das völlig übertrieben. Er stellt mich hin, als wäre ich hysterisch."
Coach: „Wie lange geht das schon mit Ihrer Kollegin?"
Klientin: „Seit Sie bei uns angefangen hat. Sie ist noch in der Probezeit, aber 4 Monate sind es schon."
Coach: „Was ist so schlimm daran, dass sie versucht Ihre Probezeit zu überstehen und sich profilieren will?"
Klientin: „Die Art, wie Sie es macht, ist billig."
Coach: „Wer denkt noch so darüber?"
Klientin: „Meine Kollegen."
Coach: „Alle?"
Klientin: „Nein, wahrscheinlich nicht alle. Ich weiß es nicht. Die sagen ja nichts. Ich bin scheinbar die Einzige, die merkt, dass wir ausgebootet werden."
Coach: „Ausgebootet, inwiefern?"
Klientin: „Die will hier das Kommando führen, wenn die Probezeit um ist. Die spielt die Harmlose und Nette; ist aber in Wirklichkeit total durchtrieben und link. In ein paar Monaten tanzen wir alle nach ihrer Pfeife."
Coach: „Ihr Freund sieht das nicht so?"
Klientin: „Hör' auf mit deinem Zickenkrieg – das ist alles was er dazu sagt. Er stellt mich mit dieser Frau noch auf eine Stufe."
Coach: „Wie ist ihr Verhältnis zum Chef?"
Klientin: „Das war mal gut – bis die Neue kam. Jetzt ist er bei mir unten durch. Wer sich als Chef so becircen lässt, hat bei mir verloren."
Coach: „Erklären Sie mir doch bitte den Begriff Zickenkrieg."

Seit 4 Monaten erzählt die Klientin jeden Abend ihrem Freund, dass sich die Kollegin beim Chef einschleimt. Sie erzählt ihm, dass sie dieses Verhalten für unmöglich und peinlich hält und wie sie und ihre Kollegen sich darüber aufregen. Tatsache ist aber, dass nur sie sich darüber aufregt. Nur sie hat diese negativen Befürchtungen, dass die Neue die „Macht" an sich reißen will. Was kann man darauf erwidern und was für ein Gespräch sollte daraus entstehen können? Welcher Partner mag jeden Abend die gleiche Geschichte hören? Wie sollte er helfen können, wenn die Meinung des anderen schon so absolut fest zementiert ist?

Bringen Sie Ihre Probleme aus der Firma nicht täglich mit in Ihre Beziehung. Wenn Sie darüber reden wollen, erzählen Sie es und bitten Sie um eine Meinung. Wenn Sie mit einer Person ein Problem haben, bearbeiten Sie es – aber nicht indem Sie es jeden Tag aufs neue Ihrem Partner erzählen. Über Probleme sprechen nützt nichts. Man muss sie bearbeiten.

Ständige Wiederholungen nerven; selbst wenn es eine positive Geschichte ist. Wenn Sie ständig das gleiche Problem erzählen, wird es in Ihrem Unterbewusstsein noch präsenter und bei Ihrem Umfeld erscheinen Sie inkompetent, da Sie es nicht lösen können.

Niemand mag die Drama-Queen. Wer aus einer Mücke einen Elefanten macht und diesen dann jeden Abend durch das Wohnzimmer rennen lässt, ist bald allein mit sich und seinem Elefanten.

- Bei welchen Themen übertreibe ich?

- Welche Themen wiederhole ich ständig?

Domina und Weichei

Manchmal nehmen Gespräche eine unerwartete Wendung und ein neues Thema taucht auf. Ein Thema, das größer ist und hinter dem Thema steht, um das es anfänglich ging. Wir beginnen bei der Wendung.

Klientin: „Männer sind Waschlappen. Sie reden nur und tun nichts. Ich habe noch keinen Mann getroffen, der mir gewachsen war und mir das Wasser reichen konnte."

Coach: „Das tut mir weh, wenn Sie so etwas sagen."

Klientin: „Sorry, aber das ist die Wahrheit. Keiner konnte es bisher mit mir aufnehmen. Die Männer sind allein komplett lebensunfähig. Die kriegen nichts gebacken. Wie kleine Kinder."

Coach: „Keiner konnte es mit mir aufnehmen – wollen Sie eine Beziehung oder einen Boxkampf?"

Klientin: „Eine Beziehung zwischen zwei GLEICHWERTIGEN, SOUVERÄNEN Partnern."

Coach: „Schließen Sie bitte die Augen. Atmen Sie entspannt in den Bauch. Stellen Sie sich einen schönen Raum vor. Mitten in diesem Raum steht ein riesiger Spiegel. Sie schauen hinein und sehen sich – beim Diskutieren mit Freunden, beim Spazierengehen, beim Essen in einem Restaurant, in der Firma. Beschreiben Sie sich."

Klientin: „Selbstbewusst, schlagfertig, witzig, ich unterhalte die Menschen, ich habe etwas zu sagen, ich organisiere, ich habe es unter Kontrolle, ich bin der Ansprechpartner und finde Lösungen."

Coach: „Wie sehen Sie aus?"

Klientin: „Gut."

Coach: „Genauer."

Klientin: „Gut gekleidet, chic, stilvoll, aufrecht."

Coach: „Wie reagieren die Menschen auf Sie?"

Klientin: „Meistens bewundernd. Einige aber auch ablehnend. Die haben Angst vor mir, weil ich so souverän bin. Die können mit selbstbewussten Frauen nichts anfangen. Die suchen eher ein Püppchen."

Coach: „Gehen Sie jetzt in die Vergangenheit. Visualisieren Sie typische Szenen aus Ihren bisherigen Beziehungen. Wie sehen Sie sich?"

Klientin: „Als Mama. Ich habe gerade so das Bild von Kind füttern, auf`s Töpfchen setzen, abwischen. Ich muss die Erzieherin spielen, damit die Babys endlich ihren Kram auf die Reihe bekommen. Alle sind nur am schreien und quäken, aber keiner macht was, bis ich es ihnen vormache. Am besten ist es, ich mache es direkt selbst; dann geben sie Ruhe."

Coach: „Was sind Püppchen?"

Klientin: „Frauen, die auf niedlich machen und sich einen Mann suchen, der Ihnen das Leben finanziert und alles für sie regelt, damit sie nicht denken müssen, weil sie nicht denken können."

Coach: „Mögen Sie solche Frauen?"

Klientin: „Die sind das Letzte."

Coach: „Weil Sie Ihnen die selbstbewussten, tatkräftigen Männer wegschnappen, die Sie gerne hätten?"

Klientin: „Quatsch. Wer sich so eine Frau sucht, der ist nicht wirklich selbstbewusst, der sucht nur ein Vorzeigeobjekt, das möglichst den Mund hält."

Client: „Was ist der Unterschied zwischen den unselbständigen Püppchen und den unselbständigen Waschlappen?"

Klientin: „Das ist die gleiche Sorte."

Coach: „Über Männer mit Püppchen sagen Sie, sie wären nicht wirklich selbstbewusst. Wie ist es dann bei Ihnen, wo Sie sich doch immer wieder männliche Püppchen auswählen?"

Klientin: „Ich wähle sie mir nicht aus! Die kommen zu mir!"

Coach: „Ach, und das bedeutet dann, dass Sie mit Ihnen zusammen sein MÜSSEN. Sie können nicht sagen: „Sorry Weichei, aber ich brauche einen richtigen Mann"?"

Klientin: „ – "

Coach: „Führen Sie gerne?"
Klientin: „Ja, aber nicht in einer Beziehung. Im Job schon."
Coach: „Sie sind sich Ihrer Ausstrahlung bewusst?"
Klientin: „Ja."
Coach: „Welche Art von Männer fühlt sich zu Ihnen hingezogen? Die sich gerne führen lassen oder die gerne führen?"
Klientin: „Das ist schon klar, dass sich die Falschen zu mir hingezogen fühlen; aber die will ich nicht."
Coach: „Können die Falschen was dafür?"
Klientin: „Nein, eigentlich nicht. Die brauchen eben jemanden, dem sie folgen können."
Coach: „Sie strahlen Dominanz aus und die Devoten kommen. Sie strahlen Führungspersönlichkeit aus und die Laufburschen kommen. Ist es deren Fehler? Sie üben Macht aus und die, die sich gerne beherrschen lassen, kommen."
Klientin: „Ich weiß, ich ziehe solche Männer magisch an. Aber wie soll ich das denn ändern?"
Coach: „Ist Ihre Dominanz in der Firma ok?"
Klientin: „Ja, als Führungskraft muss ich das ausstrahlen."
Coach: „Und im Privatleben?"
Klientin: „Da wohl eher nicht."
Coach: „Sie möchten also Privat lieber Püppchen sein."
Klientin: „Sie übertreiben."
Coach: „Stellen Sie es richtig."
Klientin: „Ich möchte mich auch mal fallenlassen können und nicht immer die Starke sein müssen. Ich möchte auch mal schwach sein dürfen, ohne dass mich mein Partner hilflos anschaut und nicht weiß was er tun soll."
Coach: „Also waren Sie schon mal schwach."
Klientin: „Ja sicher, aber die Männer waren völlig überfordert mit der Situation und haben mich komplett allein gelassen. Unfähig mir zu helfen."
Coach: „Was müssen Sie tun, damit diese Männer nicht mehr kommen?"
Klientin: „Im privaten Bereich etwas anderes ausstrahlen."
Coach: „Wie würde diese Ausstrahlung aussehen."

Klientin: „Das funktioniert nicht, weil es sich widerspricht. Selbstbewusst und weiblich; geht nicht. Stark und anschmiegsam; geht auch nicht. Durchsetzungstark und sanft; auch nicht. Das passt alles nicht zusammen. Deshalb waren die Männer ja immer so überrascht, wenn ich mal schwach war. Weil Schwäche gar nicht zu mir passt."

Glaubenssätze hindern uns daran, Dinge zu tun, die wir gerne tun würden. Wir GLAUBEN es funktioniert nicht, also funktioniert es nicht. Wenn man VOR dem Versuch schon weiß, dass es schief geht, kann es nur schief gehen. Glaubenssätze entstehen aus Erziehungs- und Verhaltensmustern oder aus einer prägenden Erfahrung, die wir immer wieder gedanklich wiederholen. Wenn wir etwas glauben, verhalten wir uns so, dass sich unser Glaube bewahrheitet – wir beugen die Realität solange, bis sie in unser Glaubensschema passt. Dann sagen wir: „Hab' ich doch gewusst!" Damit haben wir uns durch Manipulation einen Beweis für unsere eigene Wahrheit geliefert. Prüfen Sie den Glaubenssatz, dass diese Eigenschaften nicht zusammenpassen. Denken Sie darüber nach, ob Sie nicht jemanden kennen, der diese Eigenschaften erfolgreich in sich vereint:

- selbstbewusst und weiblich
- stark und anschmiegsam
- durchsetzungsstark und sanft

für Männer:

- männlich und zärtlich
- muskulös und sanft
- durchsetzungsstark und nachgiebig

Männer und Frauen haben beide eine männliche UND weibliche Seite in sich. Solange Sie eine dieser Wesenszüge unterdrücken oder leugnen, sind Sie nicht authentisch. Sie spielen anderen etwas vor. Früher oder später kommt es aber ans Tageslicht. Dann wundern Sie sich, wenn Ihr Partner überrascht, hilflos oder enttäuscht reagiert.

Akzeptieren Sie beide Seiten in sich und lieben Sie sich dafür. Männer dürfen weinen. Frauen dürfen auf den Tisch hauen. Männer dürfen ganz furchtbar männlich sein und Frauen dürfen ganz furchtbar Püppchen sein. Wichtig ist nur, dass Ihr Partner es von Beginn an weiß. Wird er davon überrascht, fühlt er sich betrogen, denn er wollte ja etwas anderes.

Seien Sie sich ihrer Ausstrahlung bewusst. Man kann es nicht oft genug sagen: Sie bekommen, was Sie ausstrahlen. Steht Ihre Ausstrahlung im Widerspruch zu Ihrer wahren Persönlichkeit, sind Sie nicht authentisch. Sie KÖNNEN dann nur das Falsche bekommen. Niemand ist bereit sich plötzlich, nach einem Gefühlsausbruch Ihrerseits, auf eine völlig neue Persönlichkeit einzustellen. Er hat diese Persönlichkeit nicht gewollt und nicht bestellt.

Ein Verhalten, das in einem Kontext (im obigen Beispiel: Firma), richtig wahr, kann in einem anderen Kontext (Privatleben) hinderlich sein. Dann brauchen wir eine Art Umschalter.

Kontrollfreak

Klient: „Meine Partnerin zieht sich immer mehr zurück. Sie hat kaum noch Zeit für mich und erzählt nichts mehr."
Coach: „Seit wann ist das so?"
Klient: „Wir sind vor einem Jahr zusammengezogen. Kurz danach ging es los. Sie fing plötzlich mit neuen Hobbys an und ging mir aus dem Weg. Ich glaube, da ist ein anderer Mann."
Coach: „Haben Sie das Thema angesprochen?"
Klient: „Ja, Sie hat es abgestritten und gesagt, sie brauche nur etwas Freiraum für sich."
Coach: „Wann braucht man denn Freiraum?"
Klient: „Wenn man sich eingeengt fühlt? Ich enge meine Freundin nicht ein, sie hat alle Freiheiten."
Coach: „Sie sagten zu Beginn, Sie sind Führungskraft und für die Fehler Ihrer Mitarbeiter verantwortlich. Daher kontrollieren Sie alles noch einmal nach. Was kontrollieren Sie bei Ihrer Freundin?"
Klient: „Eigentlich nichts. Ich helfe Ihr nur."
Coach: „Bei was?"
Klient: „Bei allem was wir so tun."
Coach: „Sie müssen Ihr bei allem helfen, was Sie so tun?"
Klient: „Jeder macht mal Fehler. Das ist doch nicht schlimm. Dafür ist man ja ein Team, dass man sich gegenseitig hilft und die Fehler ausbessert."
Coach: „Glauben Sie, dass man das braucht? Einen Freund, der einem die Fehler ausbessert? Sind Sie ein Paar oder eine Bürogemeinschaft?"

Wenn Menschen es „nur gut meinen" und nur möchten, dass „nichts schief geht", heißt das nicht, dass sie damit anderen nicht auf den Wecker gehen. Hören Sie damit auf „es nur gut zu meinen." Es nervt. Stellen Sie sich vor, dass ständig jemand die Dinge nachprüft und korrigiert, die Sie gemacht haben. Hätten Sie nicht auch das Gefühl, dass man Sie nicht ernst nimmt und Ihnen den gesunden Menschenverstand abspricht?

Das, was Sie für gut und richtig halten, entspricht zudem noch lange nicht dem, was andere für richtig halten. Lassen Sie los. Man braucht in der Beziehung keine Kontrolle; davon hat man bei der Arbeit schon genug.
Wenn Sie ein Perfektionist sind, dann machen Sie es doch bitte selbst. Nur so können Sie sicher sein, dass es 100%ig richtig gemacht wurde – so, wie Sie es für richtig halten. Wollen Sie nicht alles selbst machen, müssen Sie zulassen, dass andere es so machen, wie sie es für richtig halten. Andere disziplinieren und perfektionieren zu wollen, grenzt schon ein wenig an Größenwahn, oder?

- Fordere ich Perfektion von mir?

- Fordere ich Perfektion von anderen?

- Wem gehe ich damit auf die Nerven und macht mir das Spaß?

Betrüge mich!

Klientin: „Ich glaube, mein Freund betrügt mich."
Coach: „Beweise?"
Klientin: „Weibliche Intuition. Er verhält sich komisch."
Coach: „Wo war Ihre weibliche Intuition, als Sie ihn kennengelernt haben?"
Klientin: „Ich war zu verliebt. Ich konnte nicht klar denken."
Coach: „Jetzt sind Sie zornig."
Klientin: „Ja und wie!"
Coach: „Wie klar können Sie denken, wenn Sie zornig sind?"
Klientin: „Er verhält sich komisch, das spüre ich. Das hat mit Denken nichts zu tun."
Coach: „Mein Freund betrügt mich – wie wahr ist dieser Satz?"
Klientin: „Für mich ist er wahr."

Coach: „Können Sie es wirklich 100%ig wissen?"
Klientin: „Nein, wissen kann ich es nicht genau. Ich habe das Gefühl, dass es so ist."
Coach: „Wie geht es Ihnen, wenn Sie das denken?"
Klientin: „Ich bin traurig und wütend."
Coach: „Was haben Sie davon, dass Sie traurig und wütend sind? Was hat das für Vorteile für Sie?
Klientin: „Verstehe ich nicht. Was soll das für Vorteile haben?"
Coach: „Was tun Sie, wenn Sie das denken? Wie prüfen Sie Ihre Vermutung?"
Klientin: „Ich schaue auf sein Handy und kontrolliere seine Mails. Ich suche nach Haaren auf seiner Kleidung und ob er nach Parfüm riecht. Ich stelle ihm Fragen, was er den ganzen Tag getan hat und prüfe ob er sich irgendwann widerspricht."
Coach: „Macht das Spaß, das Sherlock-Holmes-Spiel?"
Klientin: „Ja, ein wenig schon."
Coach: „Was würden Sie tun, wenn Sie nicht glauben würden, dass er Sie betrügt?"
Klientin: „Ich würde ihn nicht mehr kontrollieren. Ich hätte ja keinen Grund mehr dazu."
Coach: „Ginge es Ihnen dann besser?"
Klientin: „Ja schon."
Coach: „Leiden Sie, wenn Sie seine Sachen durchsuchen?"
Klientin: „Nein, aber davor. In der Zeit, bis er zuhause ist."
Coach: „Wen kennen Sie, der wegen einem ähnlichen Thema so leidet wie Sie?"
Klientin: „Eine Freundin von mir hat auch einen Freund, der wahr scheinlich fremd geht."
Coach: „Wer noch?"
Klientin: „Meine Mutter hat es immer bei meinem Vater vermutet, aber ich glaube nicht, dass es so war. Mein Vater war damals im Außendienst und viel unterwegs."
Coach: „Mit welcher Begründung hat Ihre Mutter das gerechtfertigt?"
Klientin: „Sie sagte immer scherzhaft: Alle Männer sind Schlawiner."

Coach: „Sprechen Sie mit Ihrer Mutter und Ihrer Freundin über Ihre Befürchtung?"
Klientin: „Mit meiner Freundin oft."
Coach: „Leiden Sie dann gemeinsam?"
Klientin: „Nein, wir machen uns gegenseitig Hoffnung, dass es nicht so ist."
Coach: „Was haben Sie sonst noch für Hobbys?"
Klientin: „Wie meinen Sie das?"
Coach: „Wenn Sie Ihren Freund nicht mehr überwachen müssten und nicht mehr so viel mit leiden beschäftigt wären, hätten Sie ja viel mehr Zeit. Was würden Sie dann so machen in Ihrer Freizeit?"
Klientin: „Sie tun ja gerade so, als würde mir das Spaß machen."
Coach: „Haben Sie vorhin selbst gesagt."
Klientin: „Hobbys habe ich eigentlich keine, aber dafür viele Freunde, mit denen ich etwas unternehme."
Coach: „Wie wahr ist der Satz: Alle Männer sind Schlawiner?"
Klientin: „Da ist schon was wahres dran. Vielleicht nicht alle."
Coach: „Macht es Sie glücklich, wenn Sie Abend für Abend feststellen, dass Ihr Freund kein Schlawiner ist?"
Klientin: „Ja."
Coach: „Schön, dann sind Sie ja glücklich und alles ist gut."

- Betrüge mich – damit ich leiden kann.

- Benehme dich wie ein Schlawiner – damit ich die Glaubenssätze meiner Mutter leben kann.

- Gib mir das Gefühl leiden zu müssen – damit ich einen Grund habe meine Freundin anzurufen.

- Lass dich nicht erwischen – damit ich Abend für Abend glücklich sein kann – bis zum nächsten Zweifel.

Nein sagen

Klientin: „Ich habe regelmäßig Rückenschmerzen, die so stark sind, dass ich mich mehrere Tage fast gar nicht mehr bewegen kann. Die Ärzte haben nichts körperliches finden können. Ich wache morgens auf und der Schmerz ist da."
Coach: „Was war am Tag zuvor? Beschreiben Sie was beim letzten Mal tagsüber passiert ist."
Klientin: „Ich weiß nur, dass ich abends völlig fertig war, aber nicht körperlich, sondern einfach gestresst. Es war eine anstrengende Woche gewesen."
Coach: „Was genau war anstrengend?"
Klientin: „Die Kinder wollten beide mit ihren Freunden in Urlaub fahren und ich musste packen und viele Formalitäten erledigen."
Coach: „Wie alt sind die Kinder?"
Klientin: „17 und 19."
Coach: „Da müssen Sie packen und die Formalitäten regeln? Was für Formalitäten?"
Klientin: „Die Pässe waren abgelaufen. Da mussten wir Termine beim Fotografen machen und sie brauchten auch noch Sachen, die wir besorgen mussten und so weiter."
Coach: „Wir?"
Klientin: „Ja ich, für die Kinder."
Coach: „Halten Sie das für normal mit 17 und 19?"
Klientin: „Nein, eigentlich nicht, aber die beiden haben soviele andere Sachen um die Ohren, dass ich es dann für Sie erledige."
Coach: „Was für Sachen."
Klientin: „Die beiden sind sehr engagiert in Vereinen und bei der Schülerzeitung und spielen Tennis und solche Dinge."
Coach: „Wer will in Urlaub?"
Klientin: „Die Kinder."
Coach: „Wer hat sich dann darum zu kümmern?"
Klientin: „Ja aber, wenn sie doch nicht können!"
Coach: „Wollen!"

Klientin: „ – "

Coach: „Sie können nicht, weil sie nie gelernt haben es zu machen; weil es immer jemanden gab, der es gemacht hat. Und jetzt WOLLEN sie auch nicht mehr, denn sie wollen nicht mehr auf die Bemutterung und Rundumversorgung verzichten."

Klientin: „Ja, ich habe sie verwöhnt. Mein Mann sagt das auch."

Coach: „Hilft Ihr Mann Ihnen?"

Klientin: (lacht) „Der ist doch das größte Kind von allen. Sein Lieblingssatz ist: Och Schatz, du machst das doch viel besser als ich."

Coach: „Wann kommen Sie zur Ruhe und haben Zeit für sich?"

Klientin: „Eigentlich nie. Jetzt ist Fußball-EM; da kommen Bekannte zum Grillen und Fußball schauen. Da ist das Haus voll."

Coach: „Wer kauft Bier, Steaks, Holzkohle und Grillanzünder? Wer räumt auf?"

Klientin: „Na, wer wohl."

Coach: „Was haben Sie davon?"

Klientin: „Genaugenommen nichts. Ich hätte lieber meine Ruhe. Ich kann nicht nein sagen. Das ist es."

Coach: „Schreiben Sie jetzt bitte alles auf, was Sie letzte Woche gemacht haben, obwohl es hätten andere machen können, da es deren Angelegenheit war und Sie nichts davon hatten. Oder anders formuliert: Die Dinge, die Sie nicht getan hätten, wenn Sie nein sagen könnten."

Eine wirksame Taktik vieler Zeitgenossen ist das „Blödstellen":

- Schatz, das kannst du doch viel besser als ich.
- Mama, wenn du das machst geht das schneller und ist ordentlich.
- Was würde ich nur tun ohne dich.
- Hilf mir bitte; allein bekomme ich das nicht hin.

In allen Fällen können Sie mit: „Lerne es!“, antworten. Es ist ja nicht so, dass wir nicht gerne helfen, aber wenn es soweit geht, dass man für sich selbst keine Zeit mehr hat, beginnt die Phase der unbewussten Rebellion. Nennen wir es die „Rebellion gegen das Ja-Sagen.“ Ja-Sager sind gerngesehene Menschen. Immer dort wo es etwas zu putzen, aufräumen und organisieren gibt, werden sie gerufen. Alle Tätigkeiten, die einem unangenehm und lästig sind, werden dem Ja-Sager untergeschoben, indem man einfach seine Kompetenz, Kraft, Intelligenz und sein Organisationstalent in den Himmel lobt. Das doofe Wachbewusstsein fühlt sich gebauchpinselt und freut sich. Das Unterbewusstsein hingegen fühlt sich mächtig auf den Arm genommen.

So ein Unterbewusstsein hat eine gewisse Leidensfähigkeit, die von Mensch zu Mensch sehr unterschiedlich ist. Aber früher oder später bekommen wir dann Bauch-, Kopf-, oder Rückenschmerzen. Hautausschläge, übermäßige Monatsblutungen und alles, was uns sonst noch etwas Zeit verschaffen kann, wird vom Unterbewusstsein installiert, um uns die Ruhe zu geben, die wir verdient haben. Unser Unterbewusstsein macht uns krank, weil unser Wachbewusstsein nicht in der Lage ist den verwöhnten, faulen Prinzessinnen und Prinzen zu sagen wo der Wischmopp steht. Es geht aber nicht nur um den Haushalt. Es geht um alle Dinge, die wir dem anderen zuliebe tun, obwohl wir dazu keine Lust haben. Dazu zählen sexuelle Dinge genauso, wie das Geschäftsessen mit dem Chef und dessen arroganter Ehefrau, bis hin zum Campingurlaub, obwohl man lieber ins Hotel will. Warum tun Menschen Dinge in einer Beziehung, obwohl sie dazu keine Lust haben?

Hier einige der häufigsten Begründungen:

- Weil es dazu gehört.
- Weil es ansonsten Streit gibt.
- Weil es ein Liebesbeweis ist.
- Weil ich nicht nein sagen kann.
- Weil ich ein schlechtes Gewissen bekomme

All das sind Glaubenssätze. Glaubenssätze sind nicht wahr – nur in UNSEREM Kopf.

Weil es dazu gehört.

Wozu? Zur Beziehung, oder zum sich-zum-Depp-machen-lassen? Nichts gehört per se zu einer Beziehung, außer der Verantwortung, die man beispielsweise seinem Kind gegenüber hat. Alles andere ist Verhandlungssache. Selbst die Erotik gehört nicht zwingend zu einer Beziehung. Wenn Sie sich darüber einig sind, dass es eine platonische Beziehung ist, dann ist es immer noch eine Beziehung. „Weil es dazu gehört" ist eine Forderung, die Sie sich haben suggerieren lassen.

Weil es ansonsten Streit gibt.

Sie wollen keinen Streit? Viele Menschen behaupten, Streit gehöre zu einer Beziehung. Was jetzt? Wenn Sie nicht streiten können, dann lernen Sie es bitte mit der nachfolgenden Übung. Wenn Ihr Partner seine verbale Überlegenheit so radikal ausnutzt, dass Sie jeden Streit verlieren, oder Ihre Argumentation nie gelten lässt, sollten Sie sich überlegen, ob Sie geliebt und geachtet werden.

Weil es ein Liebesbeweis ist.

Wenn Sie es für einen Liebesbeweis Ihrerseits halten, immer nachzugeben, vergleichen Sie bitte die Anzahl der Liebesbeweise, die man Ihnen gibt, mit den Beweisen, die man von Ihnen fordert. Es ist zwar schön zu lieben und Liebe zu geben, aber wenn Sie darunter leiden, nichts zurückzubekommen, macht es auf Dauer wenig Sinn.

Weil ich nicht nein sagen kann.

Fragen Sie sich, wer in Ihrer Familie (Vater, Mutter) nicht nein sagen kann und dieses Verhaltensmuster an Sie weitervererbt hat. Fragen Sie sich dann, ob Sie so enden wollen.

Weil ich ein schlechtes Gewissen bekomme.

Fragen Sie denjenigen, der ständig etwas von Ihnen fordert, ob er nicht ein schlechtes Gewissen hat, Ihre Zeit, Gutmütigkeit oder Naivität derart auszunützen. Sagt er nein, können Sie gehen – Sie halten an etwas fest, was nur noch in Ihrer Märchenwelt existiert. Sagt er ja, erklären Sie Ihm, dass ein schlechtes Gewissen auf Dauer krank macht und Sie nicht möchten, dass er krank wird. Deshalb muss er ab sofort seinen Kram selbst regeln. Lautet die Antwort: „Ich dachte, du machst das gerne." Antworten Sie: „Zeit zum Umdenken, Liebling."

Eine Übung für …

Die Erfahrung lehrt uns, dass Liebe nicht darin besteht, dass man einander ansieht, sondern dass man gemeinsam in gleicher Richtung blickt.

Antoine de Saint-Exupery

In diesem Teil des Buches gebe ich Ihnen ein paar praktische Übungen mit auf den Weg, die Ihnen helfen Ihr Unterbewusstsein neu zu programmieren. Das Unterbewusstsein benötigt für jede Veränderung, je nach Intensität des Themas, eine gewisse Anzahl an Wiederholungen. Man nennt das Konditionierung. Manche Übungen muss man nur einmal machen; Klopftechniken benötigen hin und wieder bis zu 21 Wiederholungen, was bedeutet, dass man sie an 21 Tagen in Folge machen sollte, bis sich das Thema aufgelöst hat. Da diese Techniken nur wenige Minuten dauern, ist der Zeitaufwand im Vergleich zum Nutzen, minimal.

Übungen, die wir schriftlich in Form von Listen erarbeiten, können in ihrer Wirkung verstärkt werden, in dem wir uns die Ergebnisse hin und wieder durchlesen und sie so in unser Bewusstsein zurück rufen bis sie fest installiert sind.

„Ich kann nicht loslassen!"

Das Festhalten an alten Erinnerungen, egal ob positiv oder negativ, ist mehr schädlich als nützlich. Wir leben im Jetzt. Vergangenes ist nicht mehr zu ändern. Der Vergangenheit nach zu trauern oder sie zu verteufeln bringt nur Kummer. Die Zukunft hingegen wird von unseren Entscheidungen im Jetzt geprägt. Wer Vergangenes nicht loslassen kann, verschwendet seine Zeit und trifft keine Entscheidungen. Dadurch bestimmt er seine Zukunft nicht selbst – seine Zukunft wird, mangels Entschlusskraft, von äußeren Umständen oder anderen Menschen fremdbestimmt.
Es gibt die unterschiedlichsten Themen, die wir Menschen nicht loslassen können. Die Ergebnisse sind aber immer ähnlich: Trauer, Grübeln, Zorn, Selbstmitleid und vieles mehr. Diese Emotionen sind Zeitverschwendung und rauben uns Energie.
Ich möchte Ihnen an einem Beispiel zeigen, wie wir Menschen loslassen. Sie haben es alle schon einmal erlebt.

Denken Sie kurz an eine Beerdigung. Wie läuft sie normalerweise ab?

- Ein Priester erzählt nur Gutes über den Verstorbenen
- Wir begleiten den Sarg oder die Urne zur Ruhestätte
- Wir nehmen still Abschied
- Wir schütten Erde über den Sarg / die Urne
- Wir gehen zum Leichenschmaus
- Wir erzählen lustige Begebenheiten über den Verstorbenen
- Wir wechseln das Thema und machen ein paar Späße

Besonders der Leichenschmaus und die Tatsache, dass relativ schnell die Stimmung wechselt, mag einigen Menschen befremdlich erscheinen. Es ist aber durchaus sinnvoll. Mit diesem gesamten Beerdigungsritual lassen wir los. Wir beenden die Trauer; verbinden den Verstorbenen mit positiven Gedanken, Geschichten und Ereignissen und erkennen, dass es auch ohne diesen Menschen weitergehen muss.

Diese Ritualabfolge können Sie nun übernehmen, um Ihre Themen loszulassen.

1. Schritt:

Alles lässt sich „beerdigen“. Wenn Ihnen das Vergraben nicht gefällt, nehmen Sie ein Stück Holz oder Rinde. Schreiben Sie darauf was Sie loslassen wollen. Legen Sie Gegenstände dazu, die für Sie ein Symbol dieser Geschichte darstellen. Lassen Sie das Holzstück in einem Fluss davon treiben.
Sprechen Sie ein paar Abschiedsworte. Machen Sie es wie die Priester – nur Gutes über „Verstorbene“. Verzeihen Sie und seien Sie sich bewusst, dass jede Handlung ihre Folgen und ihren Preis hat. Wer Ihnen Leid zugefügt hat, wird dafür bezahlen – früher oder später. Nur nicht durch Sie, denn Rache fordert immer zwei Gräber – eines davon wäre Ihr eigenes!
Alle Ereignisse haben etwas Gutes in sich. Selbst wenn es nur der Lerneffekt war, der bei Ihnen zu einem neuen Denken und Handeln geführt hat, damit Ihnen so etwas nie mehr passieren kann.

2. Schritt

Gehen Sie gut essen. Gönnen Sie sich etwas. Freuen Sie sich über den Neuanfang. Seien Sie stolz auf Ihren Mut zu diesem Neuanfang. Gehen Sie in einen lustigen Film, gehen Sie tanzen, flirten Sie und benehmen Sie sich kindisch. Alles ist besser als trauern.

Je intensiver Sie sich mit der Beerdigungszeremonie befassen; je bewusster die „Grabbeigaben“ ausgewählt sind, desto stärker wirkt das Ritual. Beerdigen Sie Ihre/n Ex, damit im Herzen und im Kopf wieder Platz ist für das Sahnetörtchen aus der Nachbarschaft.

„Ich habe Angst allein zu sein!"

Zwei Verhaltensweisen treten gehäuft auf, wenn es um die Angst vor dem Alleinsein geht. Die erste ist, dass viele zuhause ausziehen und direkt bei einem Partner einziehen. Im Anschluss daran folgt dann meist Verhalten Nummer zwei: Ist diese Beziehung beendet, gibt es einen fliegenden Wechsel zur nächsten Beziehung. Oftmals lässt sich beobachten, dass die Paare schnell zusammenziehen. Es gibt eine Menge Personen, die nie wirklich allein waren. Wenn Sie nicht die Fähigkeit haben allein zu sein, sich mit sich selbst zu befassen und die Freiheit zu genießen, werden Sie immer Angst vor der Einsamkeit haben. Dann aber werden Sie an einer Beziehung festhalten, auch wenn diese Partnerschaft es gar nicht wert ist. Sie klammern. Der Partner spürt Ihre Angst und nutzt sie eventuell auch aus, um seinen Willen durchzusetzen. Sie tun und akzeptieren immer mehr Dinge, auf die Sie keine Lust haben. Irgendwann brechen Sie aus; aber nicht in die Freiheit, sondern in die nächste Beziehung. Ihrem Ex-Partner werfen Sie dann vor, er hätte Sie ausgenutzt. Das hat er, aber nur weil Sie es ihm so leicht gemacht haben. Sie werden auch weiterhin ausgenutzt werden, weil Sie aus der Angst heraus handeln.

Liebe setzt eine gewisse Reife voraus, die sich unter anderem an der Fähigkeit zum Alleinsein messen lässt. Üben Sie das Alleinsein. Setzen Sie sich allein in ein Strassencafe und beobachten Sie die Menschen. Gehen Sie allein ins Kino, Essen, in die Oper oder auf ein Rockkonzert. Steigern Sie sich langsam. Erkennen Sie, dass Sie nicht wirklich mitleidig betrachtet werden, sondern oftmals neidisch, weil Sie keinen Klotz am Bein haben. Bald werden Sie feststellen, dass viele, die mit Ihrem Partner unterwegs sind, Ihnen Blicke zuwerfen. Es sind bewundernde Blicke, weil Sie so selbständig und selbstbewusst sind, wie es die anderen gerne wären. Und mal ganz ehrlich: Es gibt nichts lächerlicheres als ein Tisch voll Singlemänner, die sich nicht trauen allein auszugehen und permanent zu den Mädels hinüberstarren. Das wird nur noch von zwei Damen überboten, die gemeinsam auf die Toilette gehen.

Diese Übung dauert Wochen, vielleicht sogar Monate, aber es ist die wichtigste Erfahrung ihres Lebens, wenn Sie erkennen, dass Sie definitiv für Nichts jemanden brauchen. Es gibt kein besseres Gefühl als diese Erkenntnis. Keine andere Erfahrung steigert Ihr Selbstwertgefühl mehr. Und falls Sie Umzugshelfer brauchen, schauen Sie in die gelben Seiten. Nehmen Sie Ihr Leben selbst in die Hand.
Wenn Sie dann irgendwann einmal allein auf den Kanaren am Strand Ihrem Traumpartner begegnen, wissen Sie, dass Sie auch reif dafür sind.

„Ich weiß nicht was ich will" und „Ich kann nicht finden, was ich will!"

1. Teil – Klar werden

Nehmen Sie sich 5 Blatt Papier. Teilen Sie die Blätter in der Mitte mit einer senkrechten Linie. Schreiben Sie auf jedes Blatt einen Ihrer Sinne. Sehen. Hören. Fühlen. Riechen. Schmecken.
In die linke Spalte ihrer Blätter schreiben Sie nun die Dinge, zugeordnet zum passenden Sinn, was Ihnen an Ihrem Partner gefallen hat. Ein Beispiel: Sie mochten die Haut Ihrer Partnerin. Zu welchem Sinn möchten Sie das zuordnen? Hat es sich gut angefühlt – dann auf das Fühlen-Blatt. Hat die Haut angenehm geduftet – dann auf das Riechen-Blatt. Sah die Haut toll aus – dann auf das Sehen-Blatt. Oder war es der Geschmack ihrer Haut?Treffen alle vier Sinne zu, schreiben Sie es eben auf jedes der passenden Blätter. Mochten Sie sein Lachen, kann das auf Ihr Hören-Blatt, aber auch auf das Fühlen-Blatt passen, wenn es Ihnen ein gutes Gefühl vermittelt hat. Haben Sie hingegen sein Gesicht gemocht, wenn er lachte, können Sie es auch noch auf das Sehen-Blatt schreiben.

Schwierig wird die Aufgabe dann, wenn die positiven Emotionen schon seit Jahren nicht mehr aktiv waren. Versuchen Sie sich zu erinnern. Nur weil Sie jetzt gerade sauer sind auf Ihren Ex-Partner, dürfen Sie das Gute nicht verdrängen. Sie benötigen diese Liste später noch.

In die rechte Spalte kommen nun die Dinge, die Sie nicht mochten. Auch hier ein Beispiel: Er ließ seine verdreckten Klamotten überall herumliegen. Das kann für Sie ein optisches oder ein geruchliches Problem gewesen sein. Falls Sie sich davor geekelt haben sie anzufassen und wegzuräumen, war es ein Fühlen-Thema. Das ständige Nörgeln hat Sie gestört. Hatten Sie dabei ein flaues Gefühl im Magen, war es fühlen. Hat Sie auch die Stimme oder die Stimmlage geärgert, können Sie es auch noch in die Hören-Spalte setzen.
Lassen Sie sich für diese Übung viel Zeit. Die Vervollständigung solch einer Liste kann Tage dauern. Es geht darum alles detailliert zu erfassen und den Sinnen richtig zuzuordnen. Unsere Sinne aktivieren unsere Emotionen. Unsere Sinne entscheiden blitzschnell über „passt oder passt nicht." Daher ist es wichtig, die Signale unserer Sinne bewusst wahrzunehmen und uns darüber im Klaren zu sein, was uns nervt und was uns gut tut. Je mehr Sie sich Ihrer Sinne bewusst sind, desto seltener sind Fehlentscheidungen bei der Partnerwahl und desto leichter können Sie nachvollziehen warum es dieses Mal schiefgelaufen ist.

Haben Sie Ihre Liste zusammen? Gut. Nun nehmen Sie alle negativen Einträge von der rechten Spalte und schreiben Sie diese so, als würde er/sie alles richtig machen. Prüfen Sie dabei ob es noch die gleichen Sinne sind, die angesprochen werden. Beispiel: Wir hatten die Aussage „wirft seine verdreckten Klamotten überall hin." Angenommen es war eine optische, geruchliche und körperliche Zumutung und steht somit auf drei Blättern. Was würde man nun schreiben, wenn er sie brav in den Wäschekorb legt? Welchen Ihrer Sinne spricht er damit positiv an? Es mag jetzt sein, dass Sie das gerne SEHEN, oder vielleicht FÜHLEN Sie sich respektvoll behandelt. Schreiben Sie es dementsprechend in die linke Spalte auf das passende Blatt.

Was Sie jetzt in den fünf linken Spalten stehen haben, ist Ihr Traumpartner. Sie können nun damit beginnen, sich auf diese Sinneseindrücke zu fokussieren um Ihren Wunschtyp auch zu erkennen, wenn er Ihnen über den Weg läuft. Jetzt wissen Sie was Sie wollen!

Sie haben nun auch erkannt, welche Sinne bei Ihnen besonders im Vordergrund stehen. Die Leser meines ersten Buches kennen das mit der Fokussierung bereits. Was Sie sich fokussieren, werden Sie auch erkennen, wenn es Ihnen begegnet. Fokussieren Sie sich auf den Gedanken, dass alle Männer schlampig sind, werden Sie immer wieder an die geraten, denen Sie hinterher räumen müssen. Beim einen sind es die Klamotten, beim nächsten das Geschirr und beim dritten sieht der Schreibtisch aus, als wäre es die Altpapiersammelstelle. Achten Sie also auf Ihre Fokussierung! Nur die linke Spalte Ihrer Aufzeichnungen darf sich noch in Ihren Gedanken befinden.

Aber Achtung!
Haben Sie an einer Stelle geschummelt, weil Sie sich z.B. nicht eingestehen wollten, dass es Sie geärgert hat, dass die Geschenke immer preiswerter wurden, betrügen Sie sich selbst. Beim nächsten Partner wird es Ihnen wieder so ergehen, da Sie Ihren Fokus nicht darauf gerichtet haben, dass er ein großzügiger Mensch ist. Seien Sie also ehrlich zu sich selbst. Nur so können Sie etwas über sich lernen und auch etwas an Einsicht gewinnen bezüglich Ihrer Mitverantwortung am Scheitern der Beziehung.

2.Teil – Angleichung

Schreiben Sie sich nun alles was auf den fünf Blättern in der linken Spalte steht auf ein neues Blatt – ebenfalls links. In die rechte Spalte können Sie nun das eintragen, was Sie den jeweiligen Wünschen an Ihren Partner, entgegenzusetzen haben. Da jede Forderung an seinen Partner auch eine Gegenforderung bewirkt, ist es sehr sinnvoll vorab zu prüfen, ob man all diese Forderungen auch selbst erfüllt.
Wünschen Sie sich von Ihrer Partnerin, dass Sie gut mit Geld umgehen kann, damit Sie die Haushaltskasse gut verwaltet, wird sich Ihre

Partnerin mit Sicherheit darüber ärgern, wenn Sie das Geld für sinnloses Zeug ausgeben.
Sie haben nun drei Möglichkeiten:

1. Sie erreichen bei sich die gleiche Perfektion.

2. Sie schrauben Ihre Forderung auf das zurück, was Sie selbst bieten können.

3. Sie überlassen in dieser Angelegenheit dem Partner die Führung und ordnen sich unter.

Welche der drei Möglichkeit für Sie die bessere Wahl darstellt, erschließt sich Ihnen, wenn Sie sich die Frage nach dem Preis, dem Aufwand und dem tatsächlichen Nutzen stellen. Beantworten Sie sich diese Fragen schriftlich und lesen Sie von Zeit zu Zeit Ihre Antworten. Die optimale Lösung kommt plötzlich und wie von selbst. Vertrauen Sie Ihrer Intuition. Ihr Unterbewusstsein hat Ihre optimale Lösung schon längst parat. Den ersten Lösungsweg schafft man, wenn man sich ständig überprüft und hinterfragt. Es geschieht automatisch, da Sie sich nun darauf fokussieren. Ihr Unterbewusstsein gibt Ihnen Signale, wenn es erkennt, dass eine Diskrepanz zwischen „fordern und geben" in Ihrem Handeln auftritt. Der erste Lösungsweg ist zeitaufwändiger, aber auf lange Sicht der bessere. Im zweiten Fall sind Sie vielleicht nur aus Bequemlichkeit einen Kompromiss eingegangen. Entscheiden Sie sich für Lösung 3, bedeutet das, dass Sie einen Preis zahlen müssen. Das muss Ihnen bewusst sein und Sie müssen damit einverstanden sein.

Je größer die Anstrengung zur Zielerreichung, desto größer das Glücksgefühl.
Je größer das Glücksgefühl, desto größer die Motivation für das nächste Ziel.

„Irgendwie war plötzlich die Liebe weg!"

Wir buhlen, kämpfen, flirten, zeigen uns von unserer Schokoladenseite und sagen zu allem „Ja und Amen" – bis wir erreicht haben, was wir wollten. Der eine wollte Sex und nannte es Liebe, der andere wollte Geborgenheit, Kinder, Versorgung oder einfach nur das Gefühl endlich angekommen zu sein und sich von nun an keine Sorgen mehr um die Einsamkeit machen zu müssen. Ankommen – gefällt ihnen dieses Wort? Den meisten Menschen gefällt es. Es hat etwas von Heim, Herd, Eierkuchen und frisch gewischten Böden. Alles sauber, alles frisch, alles klar! Einige Menschen mögen ankommen gar nicht so sehr. Für sie ist ankommen vielleicht gleichbedeutend mit Stillstand. Das ist es auch, was in einigen Beziehungen geschieht, egal ob staatlich zertifiziert oder unchristlich wild. Sie kommen an und das war's. Jeder hat jetzt was er will und somit muss niemand mehr etwas tun. Flirten, verwöhnen, necken, herumalbern, viel über alles reden und knutschen entfällt wegen RTL II. Geld ist auf dem Konto, Wohnung ist sauber, Wäsche ist gebügelt, Leasingrate bezahlt – alles normal. Ist es normal? Ist es selbstverständlich? Kein Grund zur Dankbarkeit?

Wir vermasseln es, weil wir es als selbstverständlich ansehen. Alles was selbstverständlich ist, ist aber auch nichts wert, oder? Schließlich hat das jeder. Und für das was Sie geben und in die Beziehung einbringen, wollen Sie natürlich auch den entsprechenden Gegenwert zurück. Business as usual – es ist ein Deal, ein Geschäft, sonst nichts.
Da keiner sagt: „Danke, dass du die ganzen Hemden gebügelt hast", sagt auch keiner: „Danke, dass du heute wieder 8 Stunden den Affen im Büro gemacht hast." Ist ja alles selbstverständlich.

Dankbarkeit erhält die Liebe. Wann waren Sie das letzte Mal dankbar für das, was Ihnen Ihr Partner gibt? Er gibt Ihnen nichts? Wirklich nichts?
Egal wie schmerzhaft Ihre Trennung war, schreiben Sie auf, wofür Sie zu Beginn der Beziehung hätten dankbar sein können.

Prüfen Sie dann, was davon gegen Ende der Beziehung noch übrig geblieben ist.

- Wofür hätten Sie bis zum Schluss noch dankbar sein können, wenn Sie nicht der Meinung gewesen wären, dass es eine Selbstverständlichkeit ist?

Schauen Sie jetzt einmal auf Ihre Liste und überlegen Sie, was Sie alles hätten erhalten können, wenn Ihre Dankbarkeit nie geendet hätte.
Ihr Partner hat Ihnen noch nie etwas gegeben? Das ist ein Scherz, oder? Wieso haben Sie Ihn dann ausgewählt?

„Ich habe nichts Besseres verdient!"

Wofür hätte Ihr Partner Ihnen dankbar sein können? Wenn Ihnen jetzt nicht gleich ganz viele Dinge einfallen, müssen Sie sich ernsthaft Sorgen machen.

Machen Sie eine Liste der Dinge, für die Ihr Partner dankbar sein durfte. Vergleichen Sie diese mit der Liste aus der vorherigen Übung: Wofür ich dankbar sein müsste.

- Was fällt Ihnen auf?
- Sind die Listen ausgeglichen?

Sie werden einige Dinge finden, die Sie in einer der beiden Listen vergessen haben. Ergänzen Sie das fehlende.

Falls Sie zu den Menschen gehören, die Ihr Licht gerne unter den Scheffel stellen und glauben, Sie wären Schuld an allem, oder hätten nichts gutes verdient, kann Ihnen Ihre Liste jederzeit das Gegenteil beweisen. Sie müssen jetzt nur noch den Menschen finden, der dies erkennt. Erkennen kann es der andere aber nur, wenn Sie es auch ausstrahlen.

Nutzen Sie die Liste dazu, Ihre Ausstrahlung zu verbessern. Lesen Sie das, wofür man Sie lieben und Ihnen dankbar sein kann, regelmäßig durch. Es hilft Ihnen Ihre Selbstzweifel aufzulösen und es verringert Ihre Angst, niemanden mehr zu finden und allein zu bleiben. Wenn Sie das nämlich glauben, strahlen Sie es aus und es wird erst Ihre Wahrheit und dann zur Wahrheit aller.

„Ich habe Gutes verdient" oder „Quid pro quo!"

Bleiben wir bei der Frage „Wer hat was verdient?" Wenn Sie mit Hilfe der obigen Liste erkannt haben, was Sie alles getan, geleistet und gegeben haben, muss Ihnen klar sein, dass Sie das Recht haben, eine entsprechende positive Energie zurückzubekommen.

Sollten Sie mit dem Glaubenssatz „Du hast das nicht verdient" aufgewachsen sein, bedarf es einer gewissen Anstrengung, dieses selbstzerstörerische Denken wieder loszuwerden. Leider blockiert unser Unterbewusstsein Glück, Liebe und Wohlstand, wenn ein tiefsitzender Glaubenssatz uns unbemerkt ein Verhaltensmuster suggeriert, das alle unsere Bemühungen scheitern lässt. Unser eigenes Unterbewusstsein boykottiert unseren Erfolg, wenn es mit „Du hast es nicht verdient" programmiert wurde.

Abhilfe schaffen Sie mit einer Übung, die ich abgewandelt aus der Klopftechnik übernommen habe. Mit dieser Methode werden in der energetischen Psychologie positive Glaubenssätze verstärkt und im Unterbewusstsein integriert. Geklopft werden die Punkte, die aus der chinesischen Akupunktur stammen, mit Zeige- Mittel- und Ringfinger.
Ich nenne die Übung „Quid-pro-quo-Technik." Quid pro quo (lat.: dieses für das) ist ein ökonomisches Prinzip, das besagt, dass eine Person, die etwas gibt, dafür eine angemessene Gegenleistung erhalten soll.

Sind Sie der Meinung, dass Sie ein liebenswerter Mensch sind, können Sie also guten Gewissens folgenden Satz formulieren:

„Ich bin ein liebenswerter Mensch und habe es verdient geliebt zu werden."

Wichtig ist, dass Sie ehrlich hinterfragen, ob das ökonomische Prinzip von Ihnen auch erfüllt wird. Denn natürlich können Sie nur dann etwas fordern, wenn Sie auch etwas geben. Haben Sie beispielsweise monetäre Probleme, können Sie Ihren Satz vielleicht so formulieren:

„Ich bin ein fleißiger Mensch und habe es verdient in Wohlstand zu leben."

Sollten Sie erkennen, dass es mit Ihrem Fleiß doch nicht soweit her ist, liegt es eventuell nicht an einem hinderlichen Glaubenssatz und Sie sollten die Höhe Ihres Einsatzes prüfen.

Nun zur Durchführung. Klopfen Sie circa 2-4 mal pro Sekunde. Sprechen Sie dabei Ihre Sätze laut aus. Pro Klopfpunkt wird der Satz einmal gesprochen.

1 etwas oberhalb, zwischen den Augenbrauen

2 zwischen Nase und Oberlippe

3 zwischen Unterlippe und Kinn

4 Thymusdrüse

Machen Sie pro Satz drei Durchgänge. Bearbeiten Sie Ihr Thema pro Tag mindestens 1 mal, gerne auch mehr. Die Übung dauert nur wenige Minuten und eignet sich prima für die unsäglich öden Werbepausen im deutschen Fernsehen.
Bei den meisten Themen genügt es, wenn die Übung an 21 Tagen jeweils ein mal gemacht wurde. Dann sollte das Problem gelöst sein und Ihr Unterbewusstsein hat die neue Denkweise angenommen.

„Meine Leistungen werden nicht anerkannt!"

Ihr Partner hat Ihre Vorzüge erkannt. Wegen diesen Vorzügen wurden Sie ausgewählt. Sie haben diese Wahl angenommen und das getan, was Sie am besten können. Ihr Partner tut das, was er am besten kann. Jetzt wollen Sie plötzlich für das gelobt und anerkannt werden, was Sie tun, weil Sie es gerne tun oder weil Sie es zufällig können.

- Schreiben Sie auf, was Ihr Partner in die Beziehung einbringt.
- Fragen Sie sich dann, wann Sie Ihren Partner das letzte Mal dafür gelobt haben.

Es ist doch logisch und auch ratsam, dass beispielsweise ein kreativer Chaot sich mit einem Organisationstalent zusammentut. Warum beschwert man sich dann irgendwann einmal darüber, dass man aus den Gründen ausgewählt wurde, die man dem anderen einst als Vorzüge verkauft hat?

Ist es nicht kindisch, ständig gelobt werden zu wollen für Dinge, die man zufällig kann? Solange Sie nicht ständig getadelt werden, für Dinge, die Sie NICHT können, ist es doch ok. In Betrieben hat es sich teilweise auch schon herumgesprochen, dass man die Mitarbeiter, die NICHT so gut sind LOBEN soll, weil sie das motiviert. Lobt man hingegen einen guten Mitarbeiter, fragt der sich oft was das soll. Für ihn ist es selbstverständlich, dass er sein Bestes gibt.

- Mit welchen meiner Vorzüge „werbe“ ich für mich?
- Erwarte ich dafür Anerkennung und Lob?
- Bekomme ich etwas dafür zurück?

„Ich weiß nicht, wo ich anfangen soll!“

Wenn Sie wirklich der Meinung sind, dass Sie eine Vielzahl von Problemen zu bewältigen haben, haben Sie noch ein weiteres Problem. Sie wissen nicht wo Sie anfangen sollen. Ähnlich wie ein Kind, dass sein Zimmer aufräumen muss, steht man vor einer schier unlösbaren Aufgabe. Wo soll ich anfangen? Was ist am wichtigsten? Wie organisiere ich das alles? Die Aufgabe erscheint unlösbar, da das Chaos völlig unübersichtlich ist.

Die Lösung ist einfach. Verabschieden Sie sich zuerst von dem Gedanken, dass es wichtig ist zu ergründen, mit welchem Stressthema man beginnen muss. Es spielt keine Rolle womit Sie beginnen, da alle Themen in Ihrem Unterbewusstsein miteinander verwoben sind. Probleme mit einem Elternteil, wirken sich auf den Umgang mit Ihrem Partner aus. Probleme in der Familie, beeinflussen Ihre Leistungen bei der Arbeit und führen hier zu Problemen. Diese wiederum, nehmen Sie mit in Ihre Beziehung und breiten Sie dort aus. Wir leben in verschiedenen Systemen, die sich gegenseitig beeinflussen. Negative Stimmungen, die in einem Bereich entstehen, übertragen sich auf andere Ebenen unseres Lebens und sorgen dort auch für Missstimmung. Es ist ein Kreislauf. An welcher Stelle Sie ihn unterbrechen, spielt keine Rolle. Hauptsache Sie tun es. Jede positive Veränderung, die Sie in einem Lebensbereich erwirken, wird positive Auswirkungen auf andere Bereiche Ihres Lebens haben.

Machen Sie sich eine Liste Ihrer Stressthemen. Es hilft immer, wenn man es aufschreibt. Prüfen Sie, welche Übung in diesem Buch Ihnen beim jeweiligen Problem helfen kann. Schreiben Sie die Übung neben Ihr Thema. Probleme, für die Sie jetzt nicht sofort eine passende Übung finden, werden einfach etwas zurückgestellt. Vielleicht lösen sich diese Themen von allein, wenn Sie andere Probleme aktiv aufgelöst haben.

Nummerieren Sie die Themen, für die Sie eine Übung gefunden haben. Jetzt wird es sehr wissenschaftlich: Wenn Sie nicht wissen, mit welchem Thema Sie anfangen möchten, nehmen Sie die Würfel. Es spielt wirklich keine Rolle. Wichtig ist einfach nur, dass Sie JETZT SOFORT damit beginnen. Nicht morgen, nicht am Wochenende, nicht erst bei schlechtem Wetter – JETZT. Würfeln Sie ein Thema aus und machen Sie sich an die Arbeit. Erkennen Sie Ihre Mitverantwortung, ändern Sie etwas an Ihrem Denken und Verhalten, erarbeiten Sie sich eine neue, bessere Handlungsweise, definieren Sie ein schönes Ziel für sich und beginnen Sie damit sich und anderen zu verzeihen. Denn: Zorn, Wut und Hass machen alt und hässlich. Probieren Sie die Übung „Ich wäre manchmal gerne anders."

„Ich wäre manchmal gerne anders!"

Jedes Verhalten, das wir uns angeeignet haben, hatte irgendwann einmal einen Sinn oder macht zumindest manchmal noch Sinn. Wir tun nichts und eignen uns nichts an, was nicht einen Vorteil für uns hat. Es mag durchaus sein, dass uns der tiefere Beweggrund nicht mehr klar ist, aber es gibt, oder gab zumindest, immer einen. Wichtig ist zuerst, dass Sie diesen Nutzen anerkennen und diese Eigenschaft nicht herab werten oder gar an sich hassen. Das würde bedeuten, dass Sie sich selbst hassen, da es ja eine Eigenschaft von Ihnen und somit ein TEIL von Ihnen ist.

Erkennen und benennen

Formulieren Sie ganz genau, welche Eigenschaft Sie manchmal gerne nicht mehr haben möchten.

- Was ist es für ein Verhalten, das Sie als Ihr Problem sehen?
- Ist es genau dieses Verhalten oder ist Ihr Verhalten lediglich Teil eines größeren Problems?
- Stört Ihr Verhalten immer oder nur situationsbedingt?
- Ist Ihr Verhalten eventuell in bestimmten Situationen angemessen?
- (oder war es das einmal vor vielen Jahren?)
- Welche Sinne sind daran beteiligt? (Sehen, Hören, Fühlen, Riechen, Schmecken)
- Was müsste ein anderer Mensch tun, um das gleiche Verhalten an den Tag zu legen wie Sie, bzw. genauso zu empfinden wie Sie?
- Wenn Sie möchten, geben Sie diesem Persönlichkeitsteil von Ihnen, einen Namen.

Anerkennen und würdigen

Listen Sie auf, wann diese Eigenschaft nützlich für Sie ist (oder war) und wann Sie diese Fähigkeit gerne einsetzen möchten.

- Was ist das Gute daran?
- Wann kann es sinnvoll eingesetzt werden?
- Was will diese Eigenschaft für mich sicherstellen?

Seien Sie dankbar für diese Fähigkeit. Akzeptieren Sie, dass es ein Teil Ihrer Persönlichkeit ist. Wenn Sie schnell in Tränen ausbrechen, dann hat das den Vorteil, dass die Emotionen auch schnell wieder verschwinden. Andere Menschen unterdrücken Ihre Tränen und werden krank. Emotionen bahnen sich immer ihren Weg – seelisch oder körperlich. Es lässt sich immer etwas Positives zu Ihrer Charaktereigenschaft finden. Selbst Aggressivität kann früher als Jugendlicher nötig gewesen sein um sich beim Sport oder auf der Straße durchzusetzen. Heute ist sie zwar nicht mehr angebracht, aber damals war sie nützlich. Es geht nur darum genau diese Nützlichkeit anzuerkennen, um einen Selbsthass zu verhindern.

Achtung!
Können Sie auch nach längerem Nachdenken keine positive Absicht Ihres Persönlichkeitsanteils/Verhaltens finden, ist es eventuell gar nicht Ihr Verhalten, sondern das Verhalten Ihres Umfelds. Sie haben dieses Verhalten unbewusst angenommen, durch die Beeinflussung durch andere, bzw. Ihren Wunsch nach Anpassung an Familie, Freundeskreis oder Arbeitsplatz. Dann ist Ihr eigentliches Thema Ihre mangelnde Fähigkeit sich abzugrenzen und zu dem zu stehen, was SIE wirklich wollen. Sie lassen sich zu leicht beeinflussen.

Prüfen und erkunden.

Hinterfragen Sie, ob Sie bereit sind für eine Veränderung. Es gibt Menschen, die gerne leiden und sich damit durchaus wohl fühlen, selbst auf die Gefahr hin, anderen Menschen damit auf die Nerven zu gehen. Wenn Sie sich gerne bemitleiden, lassen Sie besser alles so wie es ist.
Ist eine Bereitschaft zum Wandel vorhanden, geht es weiter mit der Aufgabe, alternative Verhaltensweisen zu erkunden. Finden Sie 3 alternative Verhaltensweisen, die in den entsprechenden Situationen Ihr altes, ungewünschtes Verhaltensmuster ersetzen könnten.

Zur Hilfe:

- Was würden Ihre Vorbilder tun?
- Was würden Helden in Hollywoodfilmen tun?
- Wie handeln Ihre Freunde in ähnlichen Situationen?

Spielen Sie diese verschiedenen Muster durch und entscheiden Sie sich für das neue Verhalten, das am Besten zu Ihnen passt. Es können auch mehrere neue Lösungswege sein. Das ist dann sinnvoll, wenn Ihr Verhalten bei verschiedenen Personen oder Situationen eingesetzt werden soll.

- Welche Vorteile hat die neue Handlungsweise?
- Sind Sie zufrieden, oder muss sie noch angepasst werden?
- Spricht etwas dagegen?
- Wie wird Ihre Umwelt reagieren?
- Können Sie mit dieser Reaktion leben?

Filmen und verinnerlichen

Neue Verhaltensmuster lassen sich am schnellsten durch Bilder und Filme integrieren. Schließen Sie die Augen und stellen Sie sich vor, Sie sitzen im Kino. Sie sind Regisseur und Hauptdarsteller in einer Person. Der Film zeigt Sie bei Ihrer neuen Handlungsweise. Verändern Sie es als Regisseur solange, bis Sie hundertprozentig zufrieden sind. Machen Sie dann die Leinwand weiß und beginnen Sie von vorne. Wenn Ihr Film ideal ist, wechseln Sie von der Beobachterposition in die Rolle des Schauspielers. Alles noch einmal von vorne, aber diesmal mit der Emotion des Handelnden. Spüren Sie, wie gut Ihnen das neue Verhalten, Ihr neuer Charakterzug tut. Wiederholen Sie diese Übung jeden Abend im Bett. Schlafen Sie mit diesem Film ein und lassen Sie sich überraschen, wie schnell Sie es in der Realität anwenden können. Visualisierungstechniken wie diese, benötigen eine gewisse Wiederholungsrate. Einige Fachleute sprechen von 21 Durchgängen, das bedeutet, Sie wiederholen diese Übung möglichst 3 Wochen lang jeden Abend, damit sich die neue Handlungsweise im Unterbewusstsein fest verankern kann.

„Ich kann nicht nein sagen" und „Ich traue mich nicht zu sagen, was ich will!"

Nehmen Sie eine DIN A4 Blatt quer und unterteilen Sie es mit senkrechten Linien in vier Spalten. Über die erste Spalte schreiben Sie „Situation"; über die mittlere „Schlimmstenfalls"; über die dritte „Wirklich" und über die letzte „Schön."

Beginnen Sie damit, alle Dinge in die Situationen-Spalte zu schreiben, die Sie tun, ohne wirklich Lust darauf zu haben. In die Schlimmstenfalls-Spalte schreiben Sie das Worst-Case-Szenario, das als Folge Ihrer Weigerung entstehen könnte. In der Wirklich-Spalte beantworten Sie sich die Frage, ob das Resultat aus der Schlimmstenfalls-Spalte wirklich so schlimm wäre. Zuletzt schreiben Sie in die Schön-Spalte, was es für Vorteile für Sie hätte, wenn Sie nur noch das tun würden, wozu Sie Lust haben. Hier können beispielsweise folgende Dinge stehen:

- Mehr Zeit für mich
- Mehr Spaß haben
- Respekt bekommen
- Selbstbewusst werden
- Mich nicht mehr herumkommandieren lassen
- usw.

Vergleichen Sie nun die Wirklich- mit der Schön-Spalte. Wäre das nicht wirklich schön, wenn Sie das hätten?

„Ich weiß nicht, wie ich es sagen soll!"

Die Ich-Botschaft muss geübt werden, damit sie in Fleisch und Blut übergeht. Das sollte man aber nicht am lebenden Objekt tun, denn zu Beginn wirkt das oft wie auswendig gelernt und schlecht zitiert. Wir nutzen zum Üben einfach die Gespräche, die bereits stattgefunden haben und ändern unsere Kommunikation. Wir stellen uns die Gespräche einfach in Gedanken noch einmal vor und überlegen uns, wie wohl der andere reagiert hätte, wenn wir die Ich-Botschaft genutzt hätten.

Diese Übung hat mehrere positive Folgen:

- Sie erkennen die Fehler in IHRER Kommunikation und wissen jetzt warum der andere so sauer war.
- Sie erkennen die Fehler Ihres Kommunikationspartners und wissen nun warum SIE so sauer wurden.
- Sie gewöhnen sich eine stressfreie Art der Kommunikation an.
- Sie lernen einzuschätzen, wie andere Personen auf Sie reagieren

Schließen Sie die Augen und lassen Sie ein aktuelles Streitgespräch in Ihren Gedanken ablaufen. Wenn Sie es lieber aufschreiben möchten, ist das auch in Ordnung. Wichtig ist nur, es möglichst detailliert wiederzugeben. Verändern Sie Ihre Aussagen und lassen Sie zu, dass Ihnen Ihr Unterbewusstsein instinktiv die Reaktion des Partners mitteilt. Sie können sich auf Ihre Intuition verlassen. Sie kennen Ihren Gesprächspartner – Sie wissen, wie er geantwortet hätte. Spielen Sie verschiedene Formulierungen durch und überlegen Sie auch, wie Sie auf solche Sätze reagieren würden.
Diese Übung können Sie dann später mit fiktiven Gesprächen machen. Diskussionen, die demnächst stattfinden könnten, oder die Sie ganz bewusst herbeiführen wollen, um Dinge zu klären.

Einen Fehler dürfen Sie dabei aber nicht machen: Glauben Sie bitte nicht, dass Sie jetzt Ihrem Gesprächspartner gegenüber im Vorteil sind und Sie diesen Vorteil ausnutzen können. Arroganz und Überheblichkeit schleichen sich schnell unbemerkt in Ihre Sprache und Ausstrahlung ein und werden bemerkt. Sobald Ihr Gesprächspartner spürt, dass er übervorteilt werden soll, ist das Gespräch beendet.

„Ich kann mich nicht durchsetzen!"

Sich durchsetzen können und jemanden übervorteilen, sind zwei verschiedene Dinge. Eine faire Verhandlungstechnik ist die Grundlage für ein respektvolles Miteinander.

Gespräche können nur dann fair verlaufen, wenn sie ergebnisorientiert sind und ein Ergebnis angestrebt wird, das für BEIDE Parteien von Vorteil ist. Besonders bei Scheidungen, die mit den Themen Trennungsgeld, Zugewinn und Unterhalt behaftet sind, werden die Regeln der fairen Verhandlung schnell verlassen.
Denken Sie immer daran, dass es zwei Ebenen zu beachten gibt. In der einen Ebene geht es nur um den Inhalt. Man nennt dies die Sachebene, die leider oft verlassen wird, wenn es emotional wird. Die zweite Ebene, beinhaltet die Art, wie Sie kommunizieren, bzw. wie Sie die Menschen behandeln. Wenn Sie arrogant und abwertend agieren, wird Ihr Gegenüber selbst dann ein Angebot ablehnen, wenn es für Ihn von Vorteil ist. Daher ist es wichtig, dass Sie Ihre Interessen (die Sachebene) vom Menschen trennen, der Ihnen gegenüber sitzt. Egal wie verfeindet Sie inzwischen sind; ist das Angebot gut, nehmen Sie an. Trennen Sie Ihre Emotionen von Ihren Interessen.

Versuchen Sie möglichst schnell die Interessen Ihrer Gesprächspartner zu erkennen. Sie dürfen sich nicht auf Ihren Gesprächspartner konzentrieren, sondern lediglich auf dessen Interessen. Welche Positionen und

Meinungen er vertritt, spielt keine Rolle. Wichtig sind nur die Ziele, die er verfolgt.

Erarbeiten Sie sich Alternativen und Auswahlmöglichkeiten, um flexibel bleiben zu können. Wenn Sie rechtzeitig Alternativen vorschlagen, kann der Gesprächspartner nicht ständig nein sagen. Irgendwann muss er einlenken – auf Ihren Vorschlag.
Versuchen Sie immer, auch bei Scheidung und der unvermeidbaren Aufteilung des Hausrats, dafür zu sorgen, dass die „gute" Beziehung erhalten bleibt.

Ein faires Teilungsprinzip lautet: Einer teilt, der andere wählt. Genauer gesagt: Einer teilt den Zugewinn in gleichwertige Häppchen auf, der andere wählt sich seine Häppchen aus. HiFi-Anlage oder Fernseher und Beamer; Wohnzimmer oder Schlafzimmer; 30.000 Euro-Küche oder 30.000 Euro-Auto.

Überlegen Sie sich vor dem Gespräch Ihre „akzeptable Alternative." Schlagen Sie diese Alternative vor, wenn es nicht zu einer Einigung kommt. Wird dies angenommen, haben Sie Zeit und Nerven gespart. Ansonsten brechen Sie das Gespräch ab. Es kann nur noch zu einer, für Sie, schlechten Übereinkunft führen.
Bleiben Sie sachlich. Sprechen Sie Tricks und linke Spielchen sofort an und nehmen sie Ihnen dadurch die Wirksamkeit. Wenn Ihr Gesprächspartner merkt, dass Sie nicht geblufft werden können, wird er es lassen. Wenn Sie spüren, dass man Sie unter Druck setzen will, um eine Einigung zu erlangen; brechen Sie das Gespräch ab und verlangen Sie eine faire Kommunikation. Das gleiche gilt bei persönlichen und unsachlichen Angriffen. Sorgen Sie dafür, dass die Sachebene nicht verlassen wird.

Sollte Ihr Verhandlungspartner mit absurden Forderungen kommen, sagen Sie folgendes: „Wenn ich das annehmen würde, hätte das zur Folge …"
Erläutern Sie dann, die damit zusammenhängenden negativen Folgeerscheinungen, Verluste oder was auch immer. Fragen Sie dann Ihren

Verhandlungsgegner, wie Sie diese Unannehmlichkeiten und Verluste ausgleichen und wegstecken sollen. Er wird Ihnen keine Antwort geben können und somit wird Ihm bewusst, dass es unannehmbare Forderungen sind. Wird es Ihrem Verhandlungspartner nicht bewusst, lassen Sie Ihm Zeit. Er oder Sie braucht halt ein bisschen länger.

„Ich habe Angst vor Streit!"

Wer Angst vor Streitgesprächen hat, gibt zu oft nach und verliert Privilegien, die ihm zustehen. Wenn Sie Angst haben, dann nur, weil Sie wissen, dass Sie mit der Reaktion Ihres Gesprächspartners nicht zurecht kommen. Mit den beiden vorhergehenden Übungen haben Sie bereits fast alles, was Sie brauchen. Die Kombination aus der Ich-Botschaft und der Technik des fairen Verhandelns führt zum Erfolg, da Sie einerseits negative Emotionen aus dem Gespräch herausnehmen und Schuldzuweisungen verhindern und andererseits, Ihre Position bereits klar definiert haben und genau wissen, wozu Sie bereit sind und wozu nicht.

Sie hatten Angst vor Streitgesprächen, weil Sie sich unterlegen fühlten. Sie fühlten sich auch zurecht unterlegen, da Sie schlecht vorbereitet waren. Ihre Kommunikation war geprägt von Forderungen und Vorwürfen, die den Gesprächspartner aggressiv machten. Zudem hatten Sie sich keine alternativen Vorschläge zurechtgelegt um flexibel reagieren zu können. Sobald Ihr Partner auf Ihren Vorschlag nicht einging, war bei Ihnen die Luft draußen und Sie waren in der Defensive.

Nutzen Sie für dieses Thema auch die Sätze aus dem Abschnitt „Angriffe abwehren" und die Übung „Ich kann mich nicht durchsetzen."
Vorbereitung ist alles. Wenn Sie nicht zu den besonders schlagfertigen Menschen gehören, müssen Sie sich eben Ihre Argumente zurecht legen. Das macht man am besten schriftlich. Hilfreich ist es ebenfalls sich in die Lage des Gegenüber zu versetzen. Schreiben Sie auch die Argumente

und das mögliche Verhalten des Gesprächspartners auf und überlegen Sie sich Ihre Reaktion darauf.
Eine Übung hierzu finden Sie in meinem ersten Buch (Titel) „Technik – Vorbereitung auf schwierige Situationen."

Zurück zur Defensive:

Die Defensive ist nicht unbedingt schlecht, wenn man damit umgehen kann. Die meisten Menschen können es nicht. Sie geben sinnlos Kontra, da sie unvorbereitet sind und verlieren Energie. Sie brennen aus, werden kraftlos und geben schließlich nach. Das einzige, was Sie jetzt noch lernen müssen, ist die Fähigkeit in der Defensive stark zu bleiben. Das heißt, unter einem Bombardement von Vorwürfen, Gebrüll und hysterischem Gezappel, gelassen zu sein und diese negative Energie noch für sich zu nutzen. Das klingt für Sie jetzt wahrscheinlich unmöglich, aber es ist relativ leicht erlernbar und Sie können es überall und jederzeit nutzen.
Dazu muss ich allerdings etwas ausholen und entführe Sie kurz in die Welt der Vampire. Keine Angst, nicht schon wieder so ein unsäglicher Hollywoodstreifen. Nein, es geht um SEELISCHE Vampire. Landläufig bekannt unter den Bezeichnungen: Hypochonder, Jammerlappen, Heulsusen, Hysteriker, Brüllaffen, Meckerzicken, Ist-die-Welt-nicht-schlimm?-Schwätzer und deren unzählige Unterarten. Kurzum: Energieräuber!

„Ich will mir nicht länger meine Energie rauben lassen" oder „Über den richtigen Umgang mit seelischen Vampiren!"

Seelische Vampire sind ein Fluch und eine Geisel der Menschheit, aber ich werde Ihnen zeigen, wie Sie daraus einen Segen für sich machen. Diese Menschen werden Ihnen nie mehr auf die Nerven gehen, Ihnen die Laune versauen und Ihnen Energie rauben. Ganz im Gegenteil: Sie werden sich von diesen Menschen Energie holen!
Wie bereits in meinem ersten Buch beschrieben, gibt es Forschungen von Neurowissenschaftlern zum Thema „Bahnungsmomente." Man hat mit unterschiedlichsten Versuchsanordnungen nachgewiesen, dass jedes Gespräch und die daraus resultierenden Gedanken und Emotionen, die Sie daraus übernehmen, Ihr persönliches Befinden stark beeinflussen. Sie werden „gebahnt", was bedeutet, dass Sie für einen bestimmten Zeitraum emotional, geistig und körperlich nicht mehr Sie selbst sind. Sie werden durch das Gesprächsthema oder die Art, wie man mit Ihnen spricht, in eine bestimmte geistig-emotionale Stimmung geführt, die lange Zeit nachwirken kann und Ihre Leistungsfähigkeit beeinflusst.

Ein paar Beispiele in Kurzform: Ein Gespräch über das älter werden, sorgte dafür, dass die Versuchsgruppe nach dem Gespräch den Flur viel langsamer entlang ging als zuvor. Studenten, die vor einem Test in ein Gespräch ÜBER dumme Menschen verwickelt wurden, schnitten weitaus schlechter ab als die Vergleichsgruppe mit einem intelligentem Gesprächsthema. Aggressive Bilder, Filme oder Gespräche, sorgten für aggressivere bzw. negativere Reaktionen auf Alltagsthemen. Diese Menschen wurden also „gebahnt." Ihr Gehirn nahm die negativen, trübsinnigen oder beängstigenden Stimmungen auf und übertrug sie auf die folgenden Handlungen, egal ob körperlicher oder geistiger Art.

Denken Sie jetzt einmal kurz nach, wie viele Menschen Sie in Ihrem direkten Umfeld haben, die Sie mit „negativer Energie", bzw. destruktiven Gedanken und Handlungen versorgen, bis Ihr Tag vorbei ist. Alle Gespräche und Aussagen, die keinen aufbauenden, mutmachenden oder

lustigen Inhalt haben, gehören dazu. Sie werden jetzt sagen, dass man sich doch nicht nur über positive Dinge unterhalten kann. Negative Themen müssen doch auch besprochen und bearbeitet werden.
Das ist (vielleicht) richtig. Nur:

- Welche dieser Themen liegen in Ihrer Macht?
- Woran können Sie tatsächlich etwas ändern?
- Was davon, geht Sie tatsächlich etwas an?
- Wie viele dieser Sätze und Gespräche sind denn nichts als sinnlose Wiederholungen?
- Was hat es denn bisher gebracht, darüber zu sprechen?
- Wie viele dieser Gespräche dienen nur dazu, dass jemand seine miese Stimmung auf Sie übertragen kann, damit er nicht der einzige ist, dem es schlecht geht?
- Wie viele dieser Gespräche dienen nur dazu, in Selbstmitleid zu baden?

Ein paar Beispiele:

Kollegin: „Da hat schon wieder dieser Unsympath angerufen. Der geht mir auf die Nerven mit seinem Kostenvoranschlag. Ich kann doch nicht hexen. Soll ich mich vielleicht verteilen? Was denken die, wer ich bin ..."

Nochnekollegin: „Alle hacken immer auf mir rum. Immer bin ich schuld. Ich finde das so ungerecht, dass die doofen Weiber aus der Buchhaltung mit ihrem Zickenterror ..."

Freundin: „Ich glaube, mein Freund betrügt mich. Was soll ich nur machen? Ich liebe ihn doch so sehr und er tut es trotzdem. Ich fühle mich so ausgenutzt ..."

Bierzeltbekanntschaft: „Diese sch... Politiker, die verarschen uns. Der kleine Mann ist immer der Dumme ..."

Tante Erna: „Ach Kind, mir geht's so schlecht. Ich habe schon wieder Wasser in den Beinen und die anderen Krankheiten werden auch nicht besser und ..."

Nachbar: „Haben Sie schon gelesen? Die erhöhen die Heizölpreise schon wieder und den Strom auch. Ja wo soll das denn noch hinführen ..."

Chef: „Bin ich denn nur von Inkompetenz umgeben? Ist es denn zu viel verlangt in diesem Laden, dass endlich mal einer ..."

Das alles ist sinnloses, negatives, Energie raubendes Geschwätz. Es führt weder zu einer Lösung, noch hebt es die Stimmung oder sorgt für optimistisches Zupacken. Die meisten wollen keine Lösung – sie wollen nur ein wenig jammern. Wenn Sie diese Schwingungen aufnehmen, ohne sich zu schützen, werden Sie diese negative Ausstrahlung übernehmen. Sie werden negativ handeln, denken und Ihre üble Laune verbreiten, ob Sie wollen oder nicht. Sie bekommen es nämlich gar nicht mit, weil es Ihr Unterbewusstsein infiziert und es sich nur langsam und für Sie unmerklich in Ihr Handeln einschleicht. Irgendwann einmal werden Sie den gleichen Käse daher reden, wie die Umwelt, der Sie sich ausgesetzt haben.

Was tut man dagegen? Sie können ja nicht weglaufen. Die Vampire sind überall – genau wie in Hollywood.

Zuerst muss man sich darüber im Klaren werden, dass seelische Vampire nicht wirklich etwas ändern wollen. Wenn sie das wollten, würden Sie sagen: „Ich bin immer so frustriert; bitte hilf mir das loszuwerden."

Keiner von Ihnen sagt das. Sie übertragen nur Ihren Frust auf andere. Warum tun sie das? Weil es einfacher ist andere zu frustrieren, anzumeckern oder zu erniedrigen, als sich selbst durch eigene Leistung zu erhöhen. Und, weil es so viele Menschen gibt, die das mit sich machen lassen. Der Vampir geht immer den Weg des geringsten Widerstands. Er beißt nur in weiche Haut.

Nehmen Sie jetzt bitte einige Post-it Zettel und schreiben Sie darauf:

„Liegt es in meiner Macht die Sache oder den Menschen zu ändern?“
„Ich bin glücklich, dass ich nicht so denke, rede und agiere wie du!“

Kleben Sie diese Zettel an Ihren PC, Kühlschrank, neben Ihr Telefon, in Ihr Auto usw. Es muss Sie überall umgeben. Es muss zu Ihrem allgegenwärtigen Gedankenschatz werden.

Die meisten Dinge, die Ihnen Menschen erzählen, sind nicht nur negativ, sie sind auch nicht wirklich änderbar. Das Gespräch über korrupte Politiker und inkompetente Manager, macht nur dann Sinn, wenn Sie selbst Politiker oder Manager sind und somit aus den Äußerungen etwas für sich lernen können. Ist das nicht der Fall, hören und verbreiten Sie nur Allgemeinplätze, sogenannte Glaubenssätze. Sie können weder Politiker ändern, noch können Sie die irren Forderungen der EU, der Banken oder einzelner Mitgliedsstaaten außer Kraft setzen. Sie können lediglich alle 4 Jahre wählen. Wollen Sie mehr tun, werden Sie aktives Parteimitglied oder Terrorist. Das wollen Sie aber auch nicht, stimmt‘s? Worüber reden Sie dann? Was nicht in Ihrer Macht steht, ist nicht von Belang. Es ist völlig unbedeutend. Da Sie es nicht ändern können, brauchen Sie sich auch nicht darauf zu konzentrieren. Es verbraucht nur Ihre Energie.
Wenn Sie in einer Firma mit Kundenverkehr arbeiten, hat es auch keinen Zweck sich darüber aufzuregen, dass ein Kunde ungewaschen ist und einen penetranten Schweißgeruch verbreitet. Wenn es Ihnen nicht erlaubt ist, ihn sofort raus zu werfen und Sie somit handlungsunfähig sind, macht es einfach keinen Sinn! In diesem Fall gehen wir sofort zum zweiten Satz auf unserem Zettel über.

Um bei obigem Beispiel zu bleiben, denken wir nun folgendes: „Ich bin glücklich, dass ich nicht so fürchterlich ungepflegt und stinkend durch die Welt laufe, wie du. Ich bin froh, dass man mir etwas anderes beigebracht hat und ich meinen Mitmenschen nicht so auf die Nerven gehe, wie du."

Bisher war es so, dass Sie sich über den Stinker geärgert haben. Er nahm Ihnen die Luft zum atmen, Sie wurden sauer, fühlten sich unangenehm und es war Ihnen vielleicht noch peinlich dazu (Fremdschämen – kennt man von Castingshows). Kurzum, unser Stinkerle hat Ihnen Energie geraubt. Diese Sorte von Mensch verfügt meist noch über ein, durch nichts zu rechtfertigendes Selbstbewusstsein und redet gerne besonders viel und lange, was die Situation verschärft. Sie denken dann nur – wie ein typisches Opfer eben denkt – „Hoffentlich haut er gleich ab." Tut er aber nicht, denn er spürt, wie es Ihnen den Magen umdreht und er genießt es. Er weidet sich an Ihrem unterdrückten Brechreiz und hat seinen Spaß – typisch Vampir. Ähnliches gilt auch für Damen, die anscheinend ihr Parfum der Marke „Kleopatra Brutal" mit dem Badewasser verwechseln.

Ab dem Zeitpunkt, an dem Sie nun Ihren Satz denken, wird sich Ihre Laune schlagartig ändern. Sie werden glücklich sein. Eingebettet in einer Wolke aus Schweiß, nassem Hund, billigem Fusel, Nuttendiesel und alten Socken, werden Sie lächeln. Und immer wieder wird Ihre Glückseligkeit ein Stückchen mehr zum Himmel steigen, wenn der Gedanke, wie ein rezitiertes Mantra durch Ihr Oberstübchen huscht: „Mein Gott, bin ich froh, dass ich gut rieche, mich benehmen kann, nicht blöd herum brülle und viele Sätze sagen kann, ohne sie ständig durch „Alter", „Langer" oder „äh" unterbrechen zu müssen."
Der Dauernörgler, der Ihnen vor heult, wie ungerecht die Welt ist, wird sofort mit dem Gedanken „Ich bin glücklich, dass ich nicht so ein frustrierter Jammerlappen bin, wie du" neutralisiert. Die negativen Gedanken und somit Energien, die er auszusenden versucht, werden von Ihnen in glückbringende Gedanken umgewandelt. Ab sofort brauchen Sie keinem Streit und keiner Zicke mehr aus dem Weg zu gehen. Fragen Sie sich nur „Liegt es in meiner Macht, es zu ändern?" – wenn nein, dann seien Sie glücklich, dass Sie kapiert haben, dass es keinen Sinn macht, damit

wertvolle Zeit und Energie zu verschwenden. Freuen Sie sich über Ihren Fortschritt.
Besonders angenehm ist der Nebeneffekt dieser Übung. Unser Vampir erkennt Ihr inneres Lächeln; er spürt Ihre gute Laune und das Glücksgefühl, das Sie verströmen. Für den Vampir ist das, wie der Duft von frischem Knoblauchbaguette. Er verzieht sich.

Sie können aus allem und jedem positive Energie ziehen, ohne dem anderen zu schaden. Ganz im Gegenteil: Hin und wieder wird Ihnen ein Mensch begegnen, der Ihre Schwingungen toll findet und auch gerne so wäre. Dann wird er sagen: „Ich bin immer so frustriert; bitte hilf mir das loszuwerden.“ Dann schauen Sie auf Ihren Zettel. Dort steht „Liegt es in meiner Macht?“ und Sie können mit JA antworten. JETZT und NUR JETZT, geben Sie der Person Ihren Zettel, denn Sie haben es verstanden und brauchen keine Vorlage mehr.

Beginnen Sie jetzt mit folgendem Gedanken: „Ich bin glücklich, dass ich nicht so doof bin dieses Buch gekauft zu haben, OHNE den Inhalt auch wirklich anzuwenden.“

„Ich gerate immer an die Falschen!"

Wenn Sie das Buch bisher aufmerksam gelesen haben, müsste Ihnen dazu sofort etwas einfallen. Das dürfte jetzt gar nicht mehr Ihr Problem sein, besonders dann, wenn Sie die vorherigen Übungen gemacht haben. Aber wahrscheinlich haben Sie das Inhaltsverzeichnis durchstöbert und sind bei diesem Punkt hängen geblieben. Machen Sie sich nichts draus. Viele bleiben hier hängen. Der stille Vorwurf, der in dieser Aussage verborgen liegt, steckt tief in den meisten von uns. Der Vorwurf lautet: „Immer kommen die Deppen zu mir!" Deppen sind männlichen und weiblichen Geschlechts und treten einzeln, in Rudeln, in Bars, im Internet, als Singles und in der geehelichten Version auf. Kurzum: Die Deppen sind überall! Es ist eine Epidemie und Sie werden leicht jemanden finden, der Ihnen erzählt, dass es immer mehr werden. Und: „Früher war alles besser; da gab es so was noch nicht." Auch ein Depp!

Analysieren wir die Originalaussage: „Ich gerate immer an die Falschen."

Ich gerate

Er sagt nicht, dass er sich die Falschen aussucht. Er sagt „ich gerate" – was soviel bedeutet wie: Ich kann nichts dafür; die kommen zu mir. Das ist passiv. Andere tun etwas mit mir, was ich nicht will. Damit katapultiert man sich in die Opferebene. Das arme, hilflose Opfer, unfähig sein Leben selbst zu bestimmen, wird genötigt eine Beziehung mit einem Deppen einzugehen. Eine Runde Mitleid!
Da stellen wir doch gleich einmal die Gretchen-Frage: „Sind Sie zu doof, den Deppen zu erkennen und sich rechtzeitig zurückzuziehen?" Die Antwort lautet: „Ja, ich bin!" Kurze Zeit später heißt es dann: „Ja, ich will!" Sie geraten nicht – Sie ziehen magnetisch an. Denn: Gleich und Gleich gesellt sich gern. Oder: „Nimm mich; ich bin genau wie du!" Die andere Volksweisheit lautet: Gegensätze ziehen sich an. Hier könnte man sagen: „Nimm mich; ich will so behandelt werden!"

Egal für welche Variante Sie sich entscheiden, es war Ihre Verantwortung, Ihre Entscheidung, oder schlimmstenfalls Ihre Unfähigkeit sich durchzusetzen und nein zu sagen. Eine Schuldzuweisung an den anderen, ist so oder so inakzeptabel. Verlassen Sie die Opferebene und stehen Sie zu Ihren Entscheidungen.

Immer

Glaubenssätze beginnen so. Glaubenssätze werden zu meiner Wahrheit weil ich sie immer wiederhole, anderen immer davon erzähle, mich immer mit diesen Gedanken in den Schlaf weine und es dadurch immer tiefer in mein Unterbewusstsein integriere. Dadurch wird es immer schlimmer. Aber das wissen wir ja längst. Schlimmer geht immer – und wenn ich schon denke, dass es so wird, wie könnte mir dann etwas besseres begegnen? Ihre Fokussierung liegt auf „immer schlimm." Also bekommen Sie auch immer schlimme Deppen. Sie suchen sich diese Menschen aus, da Sie die anderen, die vielleicht passen könnten, nicht sehen. Schließlich passiert Ihnen das ja immer. Also auch beim nächsten Mal. Ändern Sie Ihre Fokussierung. Die Übungen stehen in diesem Buch.

Die Falschen

Es gibt keine Falschen. Niemand ist per se falsch. Es gibt definitiv NIEMANDEN der falsch ist, da es für jeden irgendwo den Richtigen gibt. Es kann immer nur 2 Falsche geben. Also waren Sie genauso falsch, wie Ihr Partner. Der Volksmund sagt: „Da haben sich die zwei Richtigen getroffen." Die beiden Richtigen, die sich gegenseitig den Spiegel vorhalten, auf dem steht: „Schau dir an, wie doof du bist."
Falls Sie Ihren Glaubenssatz noch nicht ganz ablegen können, machen Sie folgende Übung:

Nehmen Sie ein DIN A4 Blatt quer und unterteilen Sie es mit zwei senkrechten Strichen in drei Spalten, wobei die mittlere Spalte viel schmäler ausfällt, als die Spalten rechts und links davon. Die mittlere Spalte muss nur so breit sein, wie das Wort „Charaktereigenschaft", das Ihnen hier als Überschrift dient. Über die linke Spalte schreiben Sie den Namen Ihres Partners. Darunter schreiben Sie alles, was an Ihm oder Ihr falsch war. In der mittleren Spalte definieren Sie die Charaktereigenschaft, die hinter diesem falschen Verhalten steht.

Sie wissen schon, was jetzt kommt, oder? Über die rechte Spalte schreiben Sie Ihren Namen und die Dinge, die Sie tun, die man der jeweiligen Charaktereigenschaft zuordnen kann. Verlassen Sie dabei ruhig die Beziehungsebene. Suchen Sie Ihr Verhalten auch bei der Arbeit, im Umgang mit Freunden und Verwandtschaft. Meistens werden Sie es aber ebenfalls in der Beziehung finden. Wenn Sie wirklich selbstkritisch sind, werden Sie feststellen, dass Sie ein genaues Spiegelbild Ihres „falschen" Ex-Partners sind.

- Mit welchem Verhalten und welchen Aussagen ziehe ich die Falschen an?
- Was strahle ich aus, dass sich „immer die Falschen" zu mir hingezogen fühlen?
- Was habe ich für eine „Rolle" gespielt, dass man mich so falsch einschätzte?
- Was bringt es mir, diese Rolle zu spielen?
- Ist der Preis, den ich jetzt dafür zahlen muss, nicht zu hoch?

„Ich habe Angst vor Bindung!" – Ängste analysieren und auflösen

Die beste Ziel- und Fokussierungstechnik und die schönste Visualisierung sind zum Scheitern verurteilt, wenn Sie Ängste mit sich herumtragen, die dem Ziel im Wege stehen. Was nutzt die Fokussierung auf den Idealpartner, wenn Sie Bindungsängste haben?
Zum Glück kann man jede Angst mit etwas Geduld und der entsprechenden Übung abbauen. Auch die Angst allein zu sein, die wir in einem der vorherigen Kapitel schon besprochen haben, kann mit dieser Technik zusätzlich bearbeitet und zumindest stark verringert werden.

Wichtig sind hierfür folgende Überlegungen:

1. Was man bekämpft wird stärker.
Das Bekämpfen einer Sache, sei es eine Charaktereigenschaft, eine Emotion oder ein Mensch, ist eine Fokussierung auf das Problem. Das, worauf ich mich fokussiere, beansprucht viel gedankliche Energie und nimmt so einen großen Raum in meinem Leben ein. Es wächst und wird stärker. Es geschieht also genau das Gegenteil dessen, was ich eigentlich möchte.

Bin ich beispielsweise zornig auf etwas und steigere mich durch ständiges Nachdenken immer mehr hinein, wird der Zorn stärker. Irgendwann werde ich erkennen, dass es mich nicht weiter bringt und ich bin zornig auf mich, weil ich so zornig war. Herzlichen Glückwunsch ;-)
Möchte ich eine Emotion abbauen, ist es viel geschickter, dieses Gefühl als Teil meiner Persönlichkeit anzuerkennen und es dankbar anzunehmen. Es mag seltsam klingen, aber genau dadurch löse ich es auf. Ich verzeihe mir, bin dankbar, dass ich es endlich kapiert habe und lasse los. Der Schlüssel zur Veränderung ist die Selbstakzeptanz und die Selbstliebe.

2. Verdrängung und Leugnung
Hier gilt das gleiche Prinzip. Starrköpfigkeit, Schuldzuweisung an andere und die Vogel-Strauß-Technik verstärken das Problem. Was nicht

gesehen wird, kann ungehindert wuchern und wird uns eines Tages die Sicht auf die Wahrheit komplett versperren.

Wie sieht nun die Übung dazu aus?
Wir benutzen hierzu wieder eine Klopftechnik. Dieses mal mit viel mehr Klopfpunkten und einer flexiblen, sprich variierbaren Affirmation. Den Abschluss der Übung bildet eine Technik aus dem EMDR, die aus der Traumatherapie stammt und im Coaching unter dem Namen Wingwave bekannt ist. Wer dazu mehr erfahren möchte, kann im Internet unter den Suchbegriffen Dr. Shapiro und EMDR weiterführende Informationen erhalten.

Zuerst müssen wir die Angst benennen. Gehen wir zu unserem Anfangsbeispiel zurück und bleiben beim Thema Bindungsängste. Was ist das genau für eine Angst? Ist es die Angst verletzt zu werden, seine Freiheit zu verlieren, den Anforderungen des Partners nicht zu genügen oder den Aufgaben der Kindererziehung nicht gewachsen zu sein? Vielleicht kommen auch mehrere Gedanken zusammen? Analysieren Sie es und schreiben Sie es auf. Fragen Sie sich dann, ob Sie diese Angst, oder nennen wir es Vorsicht, wirklich haben wollen. Nicht jede Angst muss aufgelöst werden, nur weil es den Partner stört. Vielleicht sind Sie wirklich nicht der Typ für eine feste Bindung. Ihre Freiheit ist Ihnen vielleicht wichtiger und Sie sind bereit ständige Beziehungswechsel in Kauf zu nehmen oder genießen es sogar. Wenn dem so sein sollte, bleiben Sie dabei und definieren Sie Ihren Idealpartner neu.

1. Ängste benennen. Liste erstellen.

2. Was ist das gute an diesen Ängsten - wozu dienen sie? Will ich diese Ängste auflösen?

3. Was wäre die Folge, wenn ich diese Ängste nicht mehr hätte?

Sie sind sich jetzt sicher, dass Sie einige Ihrer Ängste auflösen möchten. Es müssen nicht unbedingt Bindungsängste sein, es kann auch die Angst sein betrogen oder belogen zu werden. Die Übung ist bei allen Ängsten hilfreich und muss ca. 21 Tage jeweils 1-2 mal täglich gemacht werden.

Bei dieser Technik ist es wie bei allen Affirmationen wichtig, dass Sie Ihre Worte selbst wählen. Daher möchte ich Ihnen keine Sätze vorgeben, weil dann die Wahrscheinlichkeit groß ist, dass Sie es einfach übernehmen, ohne es wirklich so zu meinen. Affirmationen müssen Ihre ganz persönlichen Empfindungen zum Ausdruck bringen.

Es sind auch verschiedene Sätze in Kombination möglich. Es handelt sich bei dieser Übung um eine Kommunikation mit dem Unterbewusstsein, das Ihnen eventuell auch dadurch antwortet, dass Sie während der Übung einen neuen Begriff für Ihre Angst finden, oder Ihnen eine weitere Angst bewusst wird. Arbeiten Sie sofort damit und nehmen Sie diesen Gedanken mit in die Affirmationen auf. Hier einige Beispiele:

- einfachste Variante: „Meine Eifersucht, meine Angst betrogen zu werden, meine Angst meine Freiheit zu verlieren."

- „Ich erkenne an, dass ich eifersüchtig bin und Angst habe..."

- „Ich gebe zu, dass..."

- „Ich löse meine Angst einsam zu sein auf."

- „Ich übergebe meine Angst betrogen zu werden dem Universum." (meinem geistigen Führer, Schutzengel usw. – beliebig je nach Glaube)

- „Ich verstehe, warum ich Angst hatte, aber die Angst ist irrational."

- „Ich respektiere/liebe mich auch mit meiner Angst einsam zu sein und löse sie auf."

Improvisieren Sie und lassen Sie sich auf eine Kommunikation mit Ihrem Unterbewusstsein ein um das Verborgene ins Wachbewusstsein zu bringen und es aufzulösen. Man kann nun darüber streiten, was wichtiger ist: die Klopfpunkte oder die Affirmationen. Ich will aber nicht streiten, denn beweisen kann man es so oder so nicht. Tatsache ist, dass die Übung wirkt.
Geklopft wird mit Zeige-, Mittel- und Ringfinger, etwa 3 Mal pro Sekunde.

Punkte die doppelt genannt sind (2, 3 und 6) werden beidhändig geklopft. Die Punkte 7, und 8 kann man auf der anderen Körperseite auch klopfen, ebenso kann man beide Pulspunkte und die Fingerpunkte an beiden Händen klopfen.

Man klopft einen Punkt und sagt dazu ein oder mehrere Sätze. Das Tempo und den Wechsel zum nächsten Punkt bestimmen Sie ganz intuitiv.

Wenn Sie einen Punkt vergessen und übersprungen haben ist das nicht weiter schlimm. Man macht die Übung öfter und findet sich bald schnell zurecht.

Einleitung:
E Handkantenpunkt – auf diesem Punkt bleiben wir etwas länger und nennen alle Ängste ein paar mal.

1 Zwischen den Augenbrauen
2 Neben dem Auge, Lachfältchen
3 Unter dem Auge, Jochbein
4 Unter der Nase
5 Über dem Kinn
6 weiche Stelle im Winkel zwischen Schlüssel- und Brustbein
7 Unter dem Arm, auf Höhe der Brust
8 Auf den Rippen
9 Pulspunkt – mit der flachen Hand auf die Unterseite des Handgelenks
10 Nagelfalz Daumen
11 Nagelfalz Zeigefinger
12 Nagelfalz Mittelfinger
13 Nagelfalz kleiner Finger
14 wir enden wieder beim Handkantenpunkt

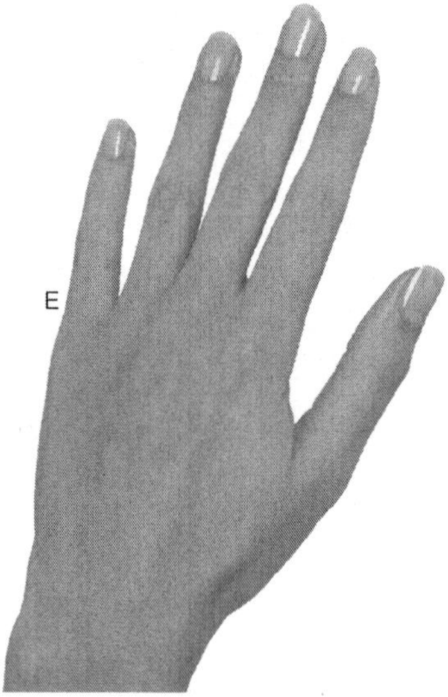

1
2
2
3
3
4
5
6
6
7
8

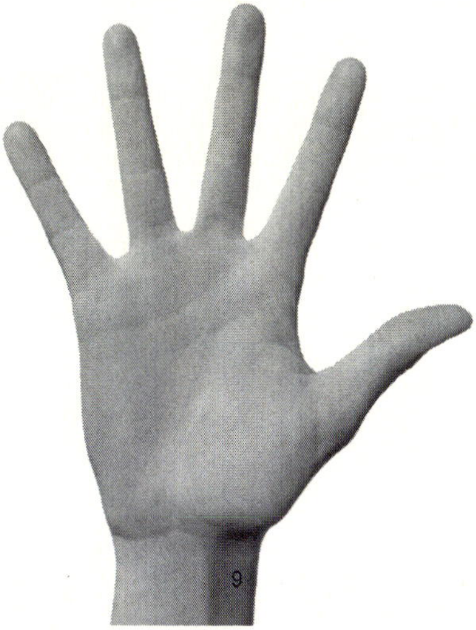
9

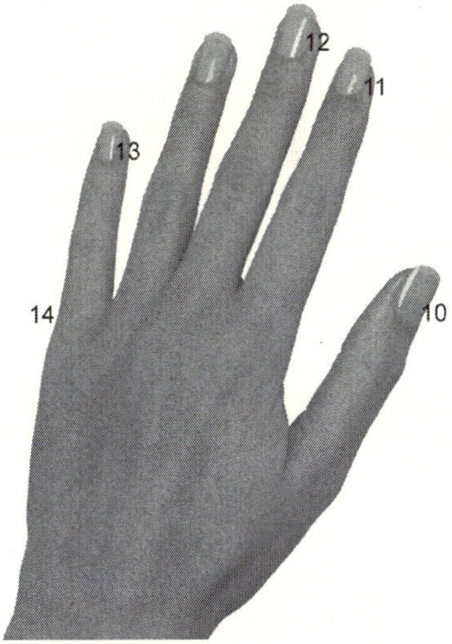
12
11
13
14
10

Jetzt gehen wir zum zweiten Teil der Übung, zu dem Teil, den wir uns aus dem EMDR (Traumatherapiemethode) entleihen.

Im EMDR/Wingwave arbeitet man mit schnellen Augenbewegungen, während man versucht die Angst gedanklich festzuhalten und einfach beobachtet, wie sich die Gedanken zu diesem Thema langsam verändern und neue Bilder auftauchen.

Wir bewerten diese Bilder und neuen Gedanken nicht. Wir nehmen sie einfach nur an und freuen uns über Erkenntnisse und positive Veränderungen.

Übungsablauf:
Sie beginnen mit der Technik gleich im Anschluss an Ihre Klopfübung mit den laut ausgesprochenen Affirmationen. Sie sitzen aufrecht, die Füße auf dem Boden, die Hände liegen locker auf den Oberschenkeln. Beginnen Sie nun Ihre Augen schnell von ganz links außen nach ganz rechts außen zu bewegen und sofort wieder zurück. Sie schauen gerade aus und bewegen Ihre Augen schnell hin und her, als hätten Sie ein schnell ausschlagendes Pendel vor Augen, dem Sie folgen müssen. Wichtig dabei ist, dass Sie über die volle Bewegungsfähigkeit Ihrer Augen gehen, ohne den Kopf zu bewegen. Bleiben Sie bei Ihren Gedanken der Angst und zählen Sie die Bewegungen nicht mit. Nach ca. 10-20 Rechts-Links-Bewegungen beginnen Sie den Zick-Zack-Kurs nach unten zu verschieben. Sie schauen weiterhin schnell von rechts nach links, aber mit einem Blick, der immer weiter nach unten geht. Nach 10-20 Wiederholungen gehen Sie mit Ihrem Blick auf die gleiche Art und Weise nach oben, als wollten Sie die Decke betrachten ohne den Kopf zu bewegen.

Weitere 10-20 Bewegungen später lassen Sie Ihre Augen in einem möglichst großen Radius kreisen. 10-20 mal jeweils rechts und links herum. Dann atmen Sie ganz tief ein und aus.
Sie werden feststellen, dass Ihnen Ihr Gedanke hin und wieder entgleist, zurückkommt, seine Intensität verliert, um irgendwann einmal – vielleicht nach 14 Tagen – sich völlig in einen anderen Gedanken zu verwandeln. Dieser neue Gedanke ist nicht nur ein Gedanke oder

ein Wunschbild, sondern wird zu einer tiefen inneren Überzeugung. Es können Ideen auftauchen, die Erkenntnisse bringen z.B. entdecken Sie plötzlich die Ursache Ihrer Angst oder es kommen Gedanken wie: „Das ist ja völlig lächerlich.“ Vielleicht müssen Sie auch plötzlich lächeln über Ihre Ängste. Es können die verrücktesten Dinge geschehen, aber immer hat es etwas mit Verstehen, Vergebung und Auflösung zu tun.

Analysieren Sie am Ende der Übung kurz wie Sie sich jetzt fühlen und was Ihre letzten Gedanken waren.

Machen Sie diese gesamte Übung mindestens einmal täglich, 21 Tage lang, bzw. so lange bis Sie eine deutliche Besserung spüren. Sie werden es lieben!

Zu Beginn kann es sein, dass die Augenbewegungen anstrengend sind und Sie Ihre Augen nur langsam bewegen können. Mit der Zeit erhöht sich Ihr Tempo und Ihr Bewegungsradius wird größer. Die Übung ist auch gut für Ihre Augenmuskulatur...

„Ich will meinen Idealpartner!"

Zu Beginn des Übungsabschnittes haben wir eine Technik gemacht, die sich „Ich weiß nicht was ich will" nannte. Aus dieser Übung ist eine Liste hervorgegangen, die ziemlich genau beschreiben sollte, was Sie wollen und was Sie selbst zu bieten haben. Wenn Sie die Technik gewissenhaft gemacht haben, haben Sie ein realistisches Bild dessen, was gut zu Ihnen passt. Nun geht es darum das Unterbewusstsein dahingehend zu bearbeiten, dass es sich auf diese einzelnen Forderungen gleichermaßen stark konzentriert, ohne einen der Wünsche zu vergessen. Die nachfolgende Technik macht sich die Fähigkeit unseres Gehirns zu nutze, emotionale Bilder besonders gut abzuspeichern.

Stellen Sie sich vor, Sie stehen auf einer Lichtung und schauen auf einen Wald. Einzelne Bäume können Sie nur schwer erkennen; es sind einfach zu viele. So ähnlich geht es Ihnen, wenn Sie auf der Suche nach Ihrem Traumpartner sind. Sie sehen vor lauter Wald den EINEN Baum nicht. Das hängt mit der Fähigkeit unseres Gehirns zusammen, sich auf gewisse Dinge zu fokussieren. Je genauer und spezieller Ihre Fokussierung ist, desto weniger lassen Sie sich von der Masse ablenken. Sie nehmen nur noch das wahr, auf was Sie sich konzentrieren. Ist Ihre Fokussierung zu allgemein, filtert Ihr Unterbewusstsein zu wenig heraus und die übrig gebliebene Menge ist zu groß. Dadurch erhöht sich die Wahrscheinlichkeit, dass Sie falsch wählen.

Machen wir ein konkretes Beispiel. Zuvor aber noch eine wichtige Information, die Ihnen hilft die Abläufe in Ihrem Gehirn besser zu verstehen. Ihr Wachbewusstsein nimmt nur einen Bruchteil dessen wahr, was Ihr Unterbewusstsein erkennt. Da wir uns aber nur selten mit den Wahrnehmungen unseres Unterbewusstseins befassen, dringt dieses Wissen nicht ausreichend genug in unser Wachbewusstsein. Die Neurowissenschaft hat den Unterschied der Datenmengen errechnet und es bildlich dargestellt. Die ganze Fläche von Frankreich entspricht dem Fassungsvermögen ihres Unterbewusstseins; der i-Punkt auf Paris, ist das was in Ihrem Wachbewusstsein ankommt.

Machen wir ein konkretes Beispiel: Eine Frau ist auf der Suche nach ihrem Traummann. Sie hat gerade eine Trennung hinter sich und hat Angst alleine zu sein. Nehmen wir noch an, dass sie sich gerade auch durch die Trennung in finanziellen Schwierigkeiten befindet. Wie wird ihr Fokus aussehen? Das Gegenteil von dem, was sie gerade zuvor hatte, wäre in diesem Fall wahrscheinlich. Die Angst alleine zu sein, wird dazu führen, dass sie sich zu schnell für eine neue Beziehung entscheidet. Im Detail könnte ihre Fokussierung so aussehen:

- treu
- zuverlässig
- guter Job, hoher Verdienst
- gut aussehend

Das sind nur Beispiele; jede andere Kombination wäre natürlich auch möglich. Es geht hier nur um die Veranschaulichung des Fokussierungsprinzips.
Wie Sie unschwer erkennen können, ist diese Fokussierung oberflächlich und lückenhaft.
Da sich die Frau nur auf diese wenigen Dinge fokussiert, ist die fokussierte Teilmenge recht groß. Der erstbeste der diese Voraussetzungen nun erfüllt, wird von ihrem Wachbewusstsein als Traummann angesehen. Wenn sie diesen Mann kennenlernt, wird ihr entgehen, dass er zB. ein Parfum benutzt, dass sie nicht mag oder, dass er insgesamt nicht so gut riecht. Sie wird es nicht bemerken, da es nicht in ihrem Fokus liegt. Wenn es ihr dann Wochen später auffällt, ist es bereits zu spät.

Ebenso hat sie keinen Fokus auf Humor, die Art wie er spricht, den Klang seiner Stimme, was er sagt, wie er sie anschaut, wie er sie anfasst und wie er sie körperlich liebt, gesetzt. Alles wichtige Dinge, die ihr erst auffallen werden, wenn sie schon viel Zeit mit ihm verbracht und somit verschwendet hat. Ist ihre Angst, alleine zu sein, groß genug, wird sie

diese Kompromisse in Kauf nehmen und hat dann erneut eine Beziehung, die zum Scheitern verurteilt ist.
Stellen Sie sich folgende Frage: Wollen Sie schnell 50% oder später 100%. Wenn Sie sich für letzteres entschieden haben, müssen Sie auch 100% fokussieren!
Wir haben 5 Sinne: Sehen, Riechen, Hören, Fühlen und Schmecken. Je deutlicher und intensiver Sie sich Ihren Traumpartner in all diesen Bereichen vorstellen, desto geringer ist die Auswahl und desto länger dauert es, bis Sie ihn gefunden haben. Dafür bekommen Sie dann aber auch 100%. Wer will sich schon gerne mit weniger zufrieden geben?

Sie werden jetzt einwenden, dass es diesen 100%igen Partner gar nicht gibt.
Falsch, es gibt ihn; Sie haben ihn nur noch nicht gesehen, da Sie ihn nicht fokussiert haben. Er ist in der Masse Ihrer oberflächlichen Fokussierungen untergegangen.
Wenn Sie den Traumpartner nun mit allen Sinnen in Ihrer Vorstellung realisiert haben, wird folgendes passieren: Sie werden wachsam und achtsam auf ALLES sein. Kein Detail wird Ihnen mehr entgehen und Sie werden keine Zeit mehr mit 50%igen vergeuden. Der Wald lichtet sich und übrig bleiben nur noch ganz wenige Bäume.

Hier kommt auch schon Ihr nächster Einwand:

Was nützt es mir wenn ich den Traumpartner finde, er mich aber nicht will? Tja, dann haben Sie eben vergessen in Ihrer Fokussierung einen wichtigen Punkt mit einzubeziehen – und der lautet: „Er/sie liebt mich so wie ich ihn/sie und wir passen perfekt!"
Ohne diesen Zusatz sind Sie nämlich nur ein Mensch, der vergeblich jemandem hinterherläuft, den er nicht haben kann. Ihnen sind bestimmt auch schon Menschen begegnet, die erzählen, dass XY ihr Idealpartner ist, diese Person aber anscheinend zu doof ist, es zu erkennen. Solche Personen haben genau diesen letzten und wichtigsten Punkt in ihrer Zielsetzung vergessen. Sie werden schlimmstenfalls als Stalker enden, aber zumindest unglückliche Menschen, die der falschen Sache nachtrauern.

Haben Sie diesen Punkt in Ihre Fokussierung einbezogen, werden Sie die entsprechenden Antennen ausgefahren haben und sofort spüren ob die Resonanz da ist oder nicht.

Hier kommt nun die Übung:

Setzen Sie sich bequem hin und schließen Sie die Augen. Was Sie nun tun müssen, lässt sich vereinfacht als Tagtraum bezeichnen. Wir tun das zwar öfter, aber nur selten begegnet uns das erträumte auch. Das hängt damit zusammen, dass es nie wirklich gut analysiert und durchdacht war. Jetzt ist es anders, da wir eine konkrete Liste mit allen Forderungen erstellt haben und uns bewusst sind, was der Preis dieser Wünsche ist. Ebenso haben wir die Forderungen mit dem abgeglichen, was wir selbst zu bieten haben. Dadurch wird unser Wunschbild realistisch und vom Unterbewusstsein angenommen.

Drehen Sie nun Ihren eigenen Film. Visualisieren Sie Ihren Traumpartner mit allen 5 Sinnen. Das Einbeziehen all unserer Sinne ist wichtig, da so besonders starke Emotionen und Eindrücke entstehen, die sich das Unterbewusstsein einprägt. Beginnen Sie in diesem Film mit der Kennenlernphase. Versuchen Sie die Stimme des Partners zu hören, den Körpergeruch wahrzunehmen und achten Sie auf die Wortwahl. Stellen Sie sich die Gesprächsinhalte vor, die gemeinsamen Unternehmungen und alle weiteren Dinge, die Ihnen wichtig sind. Sollte Ihnen Sex nicht wichtig sein, visualisieren Sie, dass Ihnen Ihr Partner im Gespräch genau DAS mitteilt. Halten Sie sich an die von Ihnen erstellte Liste. Nur das, was Sie bei der Übung „Ich weiß nicht was ich will", erarbeitet haben, sollte in die Visualisierung. Wenn Sie merken, dass Sie einen Punkt vergessen haben, gehen Sie zuerst an die Liste und prüfen Sie Nutzen und Preis Ihrer Forderung. Vergessen Sie bitte nie, dass alles seinen Preis hat, besonders die Dinge, die man fordert, aber selbst nicht geben kann.

Die Visualisierungsübung sollten Sie einige Tage lang immer mal wieder machen und prüfen, ob Sie Ihren „Film" an der ein oder anderen Stelle noch verbessern und intensivieren können.

Mit dieser Übung haben Sie Ihr Unterbewusstsein nun auf den EINEN „Baum“ im Wald fixiert. Sobald er/sie Ihnen begegnet, werden Sie es bemerken und Ihr Unterbewusstsein wird Ihre visualisierte Handlung abspulen.

Schlussgedanken

Wenn die Macht der Liebe über die Liebe zur Macht siegt, wird die Welt Frieden finden.

Jimi Hendrix

Neulich bei der Paartherapie

Opfer: „Du hast mich nie geliebt. Immer nur ausgenutzt."
Erpresser: „Wenn du mich lieben würdest, dann wärst du nicht so stur und wir müssten nicht hier sitzen."

Die beiden passen doch prima, oder? Und wieder erkennen wir: Jeder bekommt, was er gibt.

Neulich beim Coach

Klientin: „Ist das nicht traurig?"
Coach: „Nein, es ist traurig, dass Sie denken, dass es traurig ist, weil Sie das traurig macht. Würden Sie denken, dass es ok ist, wäre es das auch und es ginge Ihnen gut. Ändern können Sie es so oder so nicht. Also denken Sie einfach, dass es ok ist und jeder das bekommt, was er zum Lernen braucht."
Klientin: „Aber das ist doch traurig, dass ich erst so denken muss, um nicht traurig zu werden, oder?"
Wer unbedingt will, dass das Leben traurig ist, der wird es sich schon so zurechtbiegen, dass es einen Grund zur Trauer gibt.

Schlussgedanke für Rachsüchtige

„Wenn du auf Rache aus bist, schaufle zwei Gräber." (Chinesisches Sprichwort)

Schlussgedanke für den Rest

„Ihr sollt niemals aufhören zu leben, ehe ihr gestorben, welches manchem passiert und ein gar ärgerliches Ding ist." (Jacques Offenbach, Komponist)

Die erste und letzte Übung

Gehen Sie jetzt wieder an den Anfang des Buches. Machen Sie „Die erste und letzte Übung" noch einmal.

Wenn Sie jetzt erkennen, was Ihre Wahrheit ist und was nur Lippenbekenntnisse sind, sind Sie auf dem richtigen Weg.

Gapra Meditation

Wege zur inneren Freiheit
Die besten Techniken für mehr Gelassenheit und Leistung

Pfitzer, Thomas

»Nichts muss bleiben, wie es ist – weder seelisch, noch körperlich!« – Jeder Stress kann behoben, jede Angst kann aufgelöst werden. Nehmen Sie nichts als gegeben hin. Die Arbeit mit diesem Buch zeigt Ihnen, wie Sie Ihre emotionalen Probleme beseitigen und alte, hinderliche Glaubenssätze hinter sich lassen.

Die Gapra-Meditation (ganzheitlich-pragmatische Meditation) ist eine mentale Trainingstechnik, die moderne psychologische Methoden wie NLP, EMDR/Wingwave, The Work, energetische Psychologie, systemische Arbeit und Hypnose mit traditionellen Systemen aus dem hawaiianischen Huna und der buddhistischen Philosophie vereint.

35 mentale Trainingstechniken und eine leicht erlernbare Meditationsform helfen Ihnen, Ihre Ziele zu erreichen. Beispiele aus der Praxiserfahrung des Autors verdeutlichen darüber hinaus, wie einfach es sein kann, sein Leben zum Besseren zu wandeln.

Synergia, 2013, 278 S., kartoniert

ISBN: 978-3-939272-68-7 **15,90 €**

Thomas Pfitzer im Netz

www.wingwave-rhein-neckar.de

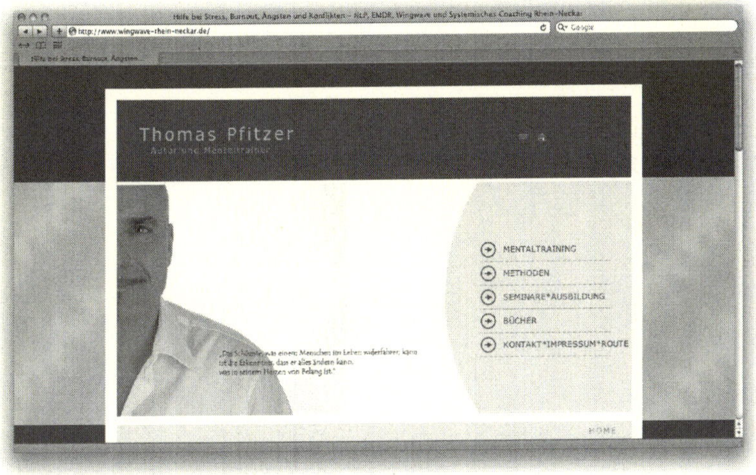

Auf meiner Homepage erhalten Sie Infos zu den von mir praktizierten Methoden und können sich über Seminare und Vorträge informieren.

Ich stehe Ihnen für Einzelcoachings, Vorträge und Gruppenseminare nach telefonischer Terminabsprache zur Verfügung.

Das Tao im Yoga und im Ur-Atem

Vom Erfahrbaren Atem Ilse Middendorfs über die Kevali-Atmung des Pranayama Boris Sacharows zur Lebenskraft Chi.

Meyer, Hans

Dieses Buch schließt eine Lücke im Bereich Atem, Meditation und Yoga. Es zeigt detailliert, wie die höchste Form des Atems, die etwa im indischen Ur-Yoga Kevali genannt wird, für jeden normalen Menschen erlernbar ist.

Synergia, 380 S., m.v. Abb., gebunden
ISBN: 978-3-940392-18-3 **23,90 €**

Erfahrungsfelder zur Entfaltung der Sinne

Hahn, Walter S.

Das Buch ist eine Art Reiseführer zum Erfahrungsfeld zur Entfaltung der Sinne. Es lässt sich auf viele verschiedene Arten verwenden. Man kann es von vorne bis hinten lesen. Oder von hinten nach vorne. Oder man liest mal hier mal da. Man findet sich in einem Kapitel über die Sinne wieder.

Synergia, Paperback, 208 S., durchgehend vierfarbig
ISBN: 978-3-939272-64-9 **17,80 €**

Arbeitsbuch moderne Naturspiritualität

Das Wissen der weisen Frauen und Männer

Ritter, Hermann

In diesem Buch geht es unter anderem um magische Orte, um Wissen und das Erlangen desselben, um Lernen allgemein; genauso geht es um Magie, den Kreis der Zeit durch das Jahr und durch das Leben und immer wieder um das Hinterfragen.

Synergia, ca. 180 S., Kartoniert
ISBN: 978-3-939272-75-5 **14,90 €**